ハルノートを発出させたのは日本か

安濃 豊

アジア解放戦争開始のため日本側が誘導した

展転社

まえがき

著者は従前より、大東亜戦争とは大日本帝国がその発祥以来の国家目標であったアジアの解放、すなわち幕末以来の「尊皇攘夷」を具現化したものであり、薩英戦争、馬関戦争の延長線上にあるものと主張してきた。その薩英・馬関の戦争を地球表面積の半分以上、アジア太平洋インド洋領域へ拡大したのが大東亜戦争だったのである。

上記の概念を根拠として大東亜戦争を考えるなら、大東亜戦争とはアジア解放戦争であり、支那事変の勃発もハルノートの発出も日本側にとっては歓迎すべきものであったという推測が成り立つ。なぜなら、支那事変介入・拡大もハルノート発出も、対米開戦の名目とするには好都合であったからだ。

日本軍はアジア解放戦争の開始を望んでいた。開戦により一挙に東南アジア全域から米英蘭仏という白人植民地軍を追い出し、白人植民地を独立させることができるなら、ABCD包囲網を無力化できるだけでなく、憎き白人の欧米諸国に対し恒久的逆経済封鎖を敢行できるのである。実際、欧米諸国はすべての植民地を失い、米国を除く植民地帝国はすべて没落した。

ＥＵとは、植民地喪失により没落した欧州諸国が作り上げた協同組合と見なすことができる。ＥＵの存在こそは、大日本帝国が連合国に実質勝利した証なのである。

本書では〝ハルノート〟なるものが日本側が開戦名目とするために意図的にハル国務長官を誑《たぶら》かし書かせたもの、すなわち日本側による〝ヤラセ〟であり日本製であったという疑惑を検証するものである。

ハルノートを発出させたのは日本か◎目次

カバーデザイン　古村奈々＋Zapping Studio

第一章　戦勝解放論

本書は所謂〝ハルノート〟なるものが日本側の〝ヤラセ〟によって発出されたものであることを論理的に証明するものであるが、その理解を深めるには戦勝解放論から学ばなくてはならない。

戦勝解放論は、次に示す四つの証拠文献から構成される。

（1）帝国政府声明
（2）大東亜宣言
（3）稲田文書
（4）終戦の詔書

それでは順に解説する。

（1）帝国政府声明（昭和十六年十二月八日　午後零時二十分発表）

著者は従前より、大東亜戦争は「白人帝国主義国家によって植民地化された東亜全域を解放し独立させるための〝大東亜解放戦争〟である」と主張してきた。その根拠となった証拠文献は、昭和十六年十二月八日午後零時二十分発出の帝国政府声明である。この声明文の後半に、次のように開戦目的はアジア解放と大東亜共栄圏の確立であると明記されている。

原文（国立公文書館アジア歴史資料センターより）

【帝国政府聲明　午後　零時二十分発表】

而して、今次帝國か南方諸地域に對し、新に行動を起すの已むを得さるに至る、何等その住民に對し敵意を有するものにあらす、只米英の暴政を排除して東亞を明朗本然の姿に復し、相携へて共榮の樂を頒たんと冀念するに外ならす、帝國は之等住民か、我か眞意を諒解し、帝國と共に、東亞の新天地に新なる發足を期すへきを信して疑はさるものなり、今や皇國の隆替、東亞の興廢は此の一擧に懸れり、全國民は今次征戰の淵源と使命とに深く致し、苟も驕ることなく、又怠る事なく、克く竭し克く耐へ、以て我等祖先の遺風を顕彰し、難關に逢ふや必す國家興隆の基を啓きし我等祖先の赫々たる史績を仰き、雄渾深遠なる皇謨の翼賛に萬遺憾なきを誓ひ、進んで征戰の目的を完遂し、以て聖慮を永遠に安し奉らむことを期せさるへからず

安濃豊による読み下し文

【帝国政府声明　午後　零時二十分発表】

今回帝国は東南アジア地域に武力進攻せざるを得なくなったが、それは決して東南アジア住民に対して敵意を持つからではない。ただ、米英から東南アジア住民に対し加えられてきた暴政を排除し、東南アジアを白人によって植民地化される前の、明白なる本来在るべき姿へ戻し、ともに協力して繁栄することを願うからである。大日本帝国は東南アジアの住民たちがこの戦争目的を了解し、東亜に新たなる政治経済体制の構築を目差し共に行動することを疑わない。

今や大日本帝国と東亜の興廃は、この一挙にかかることとなった。全国民は、このたびの戦いの原因と使命に深く思いを馳せ、けっして驕ることなく、また怠ることなく、よく尽くし、よく耐え、それによって私たちの祖先の遺風を顕彰し、困難にあったら必ず国家興隆の基を築いた父祖の光栄ある歴史と業績と雄渾深遠なる陛下の統治を思い、万事にわたってソツがないようにすることを誓い、進んで戦争の目的を完遂し、陛下の御心を永遠に安んじ奉ることを期待する。

傍線を付した部分が戦争目的はアジア解放と大東亜共栄圏確立であることを宣言した段落である。以後本書では、この段落について〝アジア解放宣言〟と称することにする。

写真は昭和十六年十二月八日（発行日付は十二月九日）の朝日新聞夕刊である。マレー上陸作戦、真珠湾攻撃が敢行され、大日本帝国が米英へ宣戦を布告したことを伝える開戦日の新聞に、帝国政府声明が掲載されていた。黒枠で囲った部分がアジア解放宣言である（13頁の写真）。

朝日新聞
帝國・米英に宣戰を布告す
西太平洋に戰闘開始
布哇米艦隊航空兵力を痛爆
宣戰の大詔渙發さる
我海鷲 ハワイ爆撃
ホノルル沖で海戰展開
臨時議會を召集
米輸送船に魚雷
比島グアム島を空襲
シンガポールも攻撃
マレー半島に奇襲上陸
香港攻撃を開始す
侵入英軍を撃攘
帝國政府聲明

12月9日付の朝日新聞夕刊

帝国政府声明の発掘により、日本軍によるアジア解放は後づけや結果論ではなく、先づけであり目的論であったことが証明された。詳しくは安濃豊著『大東亜戦争の開戦目的は植民地解放だった——帝国政府声明の発掘』（展転社刊）を参照されたい。

ここで、上記新聞記事はただ

の新聞記事であり、本物の公文書の写しではないから、証拠能力に欠けると疑問視する声が、帝国政府声明の存在を否定したがる人士たちに散見されるので、その証拠性について解説しておく。

帝国政府声明を内外に発表するには閣議決定と天皇によるご裁可、すなわち御名御璽を必要とする。すべての閣議決定事項は天皇のご裁可を必要とする。これは現在でも同様である。

新聞記事など価値がないという者の頭の中にあるのは「捏造記事かもしれない」という疑いであろう。

帝国政府声明はすべての全国紙とほとんどの地方紙に、開戦当日に掲載された。もしも新聞社が勝手に声明文を捏造して記事にしたらどうなるであろうか。文書偽造どころか、不敬罪、内乱罪でその新聞社や社長は処罰されることとなる。

声明文を掲載した新聞社で処罰された社が一つもないのはなぜだ。声明文は虚偽でも捏っち上げでもなかったからだ。閣議決定された文書に、陛下が御名御璽を与えたからだ。

以上が、帝国政府声明文に関しては新聞記事でも十分な資料価値があるという理由で

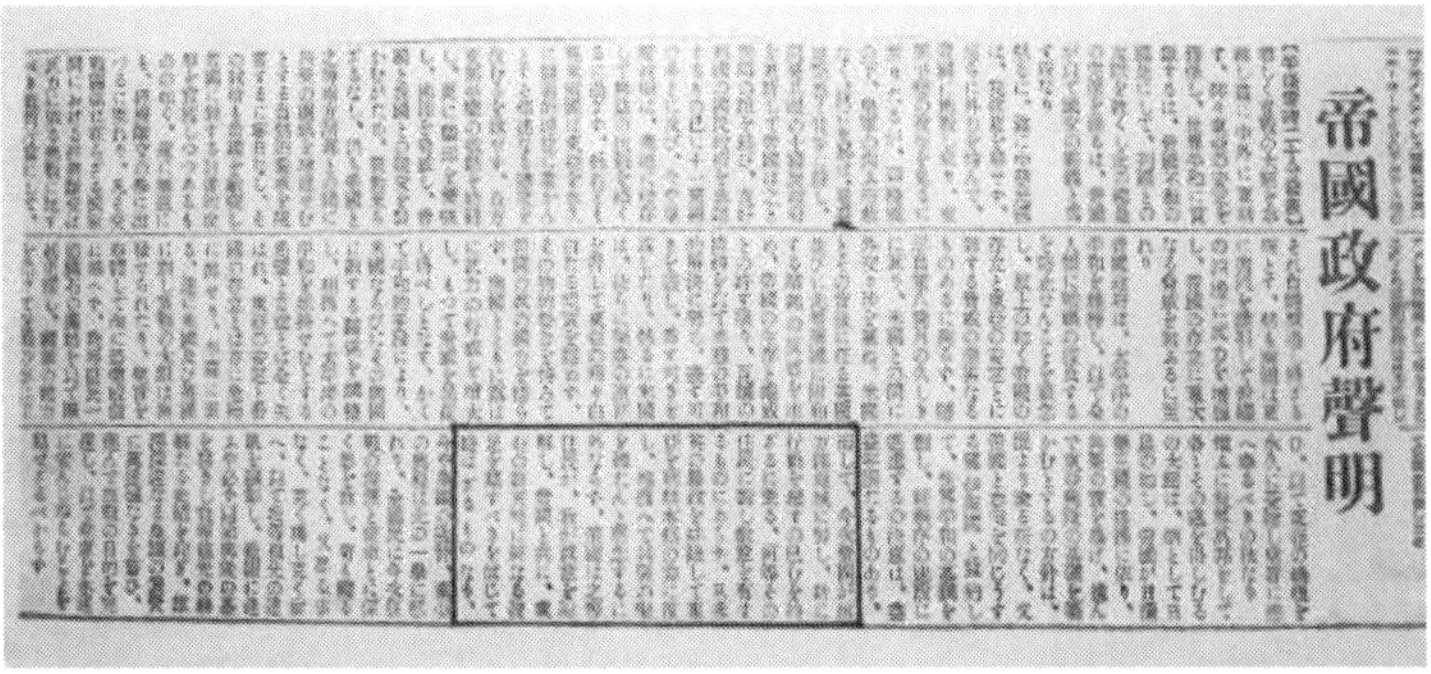

帝國政府聲明

12 月 9 日付の朝日新聞夕刊の帝国政府声明

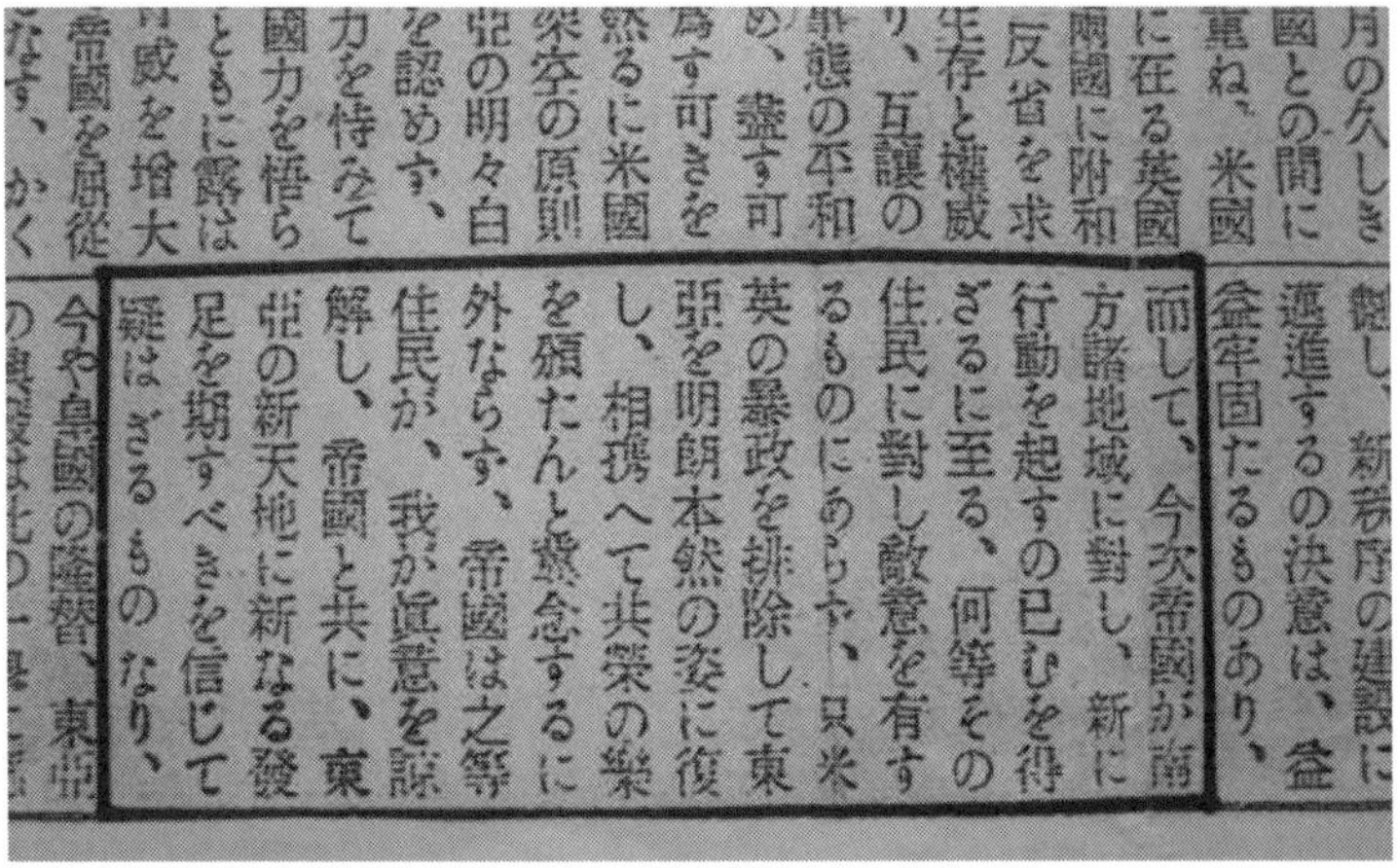

而して、今次帝國が南方諸地域に對し、新に行動を起すの已むを得ざるに至る、何等その住民に對し敵意を有するものにあらず、只米英の暴政を排除して東亞を明朗本然の姿に復し、相携へて共榮の樂を頒たんと冀念するに外ならず、帝國は之等住民が、我が眞意を諒解し、帝國と共に、東亞の新天地に新なる發足を期すべきを信じて疑はざるものなり、

帝国政府声明のアジア解放宣言部分

ある。
なお、帝国政府声明の原本と英訳文、その他関連文書が国立公文書館アジア歴史資料センターに保管されていることを、著者が主宰する昭和史復元研究集団である「札幌学派」の八巻康成氏が確認していることを付け加えておく。

(2) 大東亜宣言

昭和十八年十一月六日、大東亜会議という有色人種のみによる初の国際会議が東京で開催された。この会議にはもともと独立国家であったタイ王国のほか、日本軍によって新たに誕生した新生独立国である南京国民政府、ビルマ国、満洲国、フィリピン第二共和国、自由インド仮政府が招かれた。この会議の開催成功により、大日本帝国の開戦目的たる「東亜の解放」は開戦からわずか二年にして実現されることになった。次にこの大東亜会議について解説する。

大東亜会議は昭和十八年十一月六日に東京で開催された。

出席者は以下の通り。

日本：東條英機内閣総理大臣
中華民国（南京）国民政府：汪兆銘行政院長
満洲国：張景恵国務総理大臣
フィリピン共和国：ホセ・ラウレル大統領
ビルマ国：バー・モウ内閣総理大臣
タイ王国：ワンワイタヤーコーン親王
インド：インドからは日本と協力しインド全土のイギリス（イギリス領インド帝国）からの完全独立を目指していた自由インド仮政府首班のチャンドラ・ボースが参加した。
以下に示す大東亜宣言が採択され、世界に発表された。

大東亜共同宣言

抑〻世界各國ガ各其ノ所ヲ得相倚リ相扶ケテ萬邦共榮ノ樂ヲ偕ニスルハ世界平和確立ノ根本要義ナリ　然ルニ米英ハ自國ノ繁榮ノ爲ニハ他國家他民族ヲ抑壓シ特ニ大東亞ニ對シテハ飽クナキ侵略搾取ヲ行ヒ、大東亞隷屬化ノ野望ヲ逞ウシ遂ニハ大東亞ノ安定ヲ根柢ヨリ覆サントセリ　大東亞戰爭ノ原因茲ニ存ス　大東亞各國ハ相提携シテ大東亞戰争ヲ完遂シ大東亞ヲ米英ノ桎梏ヨリ解放シテ其ノ自存自衛ヲ全ウシ、左ノ綱領ニ基キ大東亞ヲ建設シ以テ世界平和ノ確立ニ寄與センコトヲ期ス

一、大東亞各國ハ協同シテ大東亞ノ安定ヲ確保シ道義ニ基ク共存共榮ノ秩序ヲ建設ス

一、大東亞各國ハ相互ニ自主獨立ヲ尊重シ互助敦睦ノ實ヲ擧ゲ大東亞ノ親和ヲ確立ス

一、大東亞各國ハ相互ニ其ノ傳統ヲ尊重シ各民族ノ創造性ヲ伸暢シ大東亞ノ文化ヲ昂揚ス

一、大東亞各國ハ互惠ノ下緊密ニ提携シ其ノ經濟發展ヲ圖リ大東亞ノ繁榮ヲ增進ス

一、大東亞各國ハ萬邦トノ交誼ヲ篤ウシ人種的差別ヲ撤廢シ普ク文化ヲ交流シ進ンデ資源ヲ開放シ以テ世界ノ進運ニ貢獻ス

口語訳：

そもそも世界各国が各々其の所を得、相寄り相助けて万邦共栄の楽を共にするは世

界平和確立の根本要義なり。然るに英米は自国の繁栄の為には他国家、他民族を抑圧し、特に大東亜に対しては飽くなき侵略搾取を行い、大東亜隷属化の野望を逞しうし、遂には大東亜各国は相提携して大東亜戦争を完遂し、大東亜を英米の桎梏より解放して、その自存自衛を全うし、左の綱領に基き大東亜を建設し、以て世界平和の確立に寄与せんことを期す。

一、大東亜各国は協同して大東亜の安定を確保し、道義に基く共存共栄の秩序を建設す

一、大東亜各国は相互に自主独立を尊重し互助敦睦の実を挙げ、大東亜の親和を確立す

一、大東亜各国は相互に其の伝統を尊重し、各々民族の創造性を伸暢し、大東亜の文化を高揚す

一、大東亜各国は互恵の下緊密に提携し、其の経済発展を図り、大東亜の繁栄を増進す

一、大東亜各国は万邦との交誼を篤うし、人種的差別を撤廃し、普く文化を交流し、進んで資源を開放し以て世界の進運に貢献す

大東亜宣言が発せられた同月に連合軍側はエジプトカイロにてカイロ会議を開催し、後日「カイロ宣言」と呼ばれる共同コミュニケを発表した。

大東亜宣言とカイロ宣言を双方の実現性について歴史経過を比較することにより、いずれが正当性を有するのかを判定することができる。それでは両宣言の歴史結果について比較しよう。

最初にカイロ宣言から検証する。カイロ宣言各項目とその歴史結果について表に纏めた。

項目	歴史結果
連合国は戦後に領土拡張に加わることはない	領土の拡張どころか、領土の現状維持にも失敗した。 蔣介石（中華民国）：支那大陸の共産化により台湾逃亡（一九四九年十二月）。 チャーチル（大英帝国）：一九四七年に起きたインド独立をきっかけに大英帝国は崩壊消滅。

大東亜会議に出席した各国首脳
前列左端がビルマ軍の軍装姿のバー・モウ。続いて、張景恵、汪兆銘、東條英機、ナラーティップ・ポン・プラパン、ホセ・ラウレル、スバス・チャンドラ・ボース。

カイロ会談
左から蔣介石、ルーズベルト、チャーチル。

	＊ルーズベルト（米国）：フィリピン植民地を完全喪失、ルーズベルト本人も終戦を視ることなく逝去（一九四五年四月十二日）。
朝鮮は適当な時期に自由と独立を得る	朝鮮半島は戦後南北に分断され自由と独立どころか朝鮮戦争勃発により、米国兵と軍属、民間人を合わせ約七万人が死亡、朝鮮人数百万人が死亡。朝鮮戦争は休戦中だが、元大日本帝国であった半島の北半分が米国を核ミサイルの射程内に収め、脅迫中である。
日本が清国から奪い取った領土はすべて中華民国に返還されなくてはならない	日本は返還したが、その領土は支那共産党の毛沢東に横取りされた。まことに残念であった。

日本が占領した地域から日本軍は追放されなくてはならない	日本軍は占領地域（欧米植民地）から撤退したが、その地域は独立国家として独立させられていた。
三大同盟国（支那、米国、英国）は陸海空から日本に対し呵責なき攻撃を加えることを決意した	＊蔣介石はカイロ会議のあと、日本軍が発動した「大陸打通作戦」の呵責なき攻撃で大損害を出し、降伏直前まで追い詰められ、勝手に日本と和平交渉を始めた。 ＊英国もカイロ会議の直後、日本軍が発動した「インパール作戦」により日印合同軍以上の損害を出し、インド独立を不可避とされてしまった。 ＊米国は呵責なき神風特攻で大損害を出したため、日本本土上陸を放棄し、核兵器を使用、自国の歴史に人類史上最大の汚点を刻んだ。

次に大東亜宣言各項目とその歴史結果について表に纏めた。

項目	歴史結果
大東亜各国は協同して大東亜の安定を確保し、道義に基く共存共栄の秩序を建設す	一九五五年四月十八日、バンドン会議において宣言されたバンドン十原則（ダサ・シラ・バンドン）によって大東亜宣言の具体化が再確認された。 バンドン十原則 ＊基本的人権と国連憲章の趣旨と原則を尊重
大東亜各国は相互に自主独立を尊重し互助敦睦の実を挙げ、大東亜の親和を確立す	＊全ての国の主権と領土保全を尊重 ＊全ての人類の平等と大小全ての国の平等を承認する ＊他国の内政に干渉しない
大東亜各国は相互に其の伝統を尊重し、各民族の創造性を伸暢し、大東亜の文化を高揚	＊国連憲章による単独または集団的な自国防衛権を尊重 ＊集団的防衛を大国の特定の利益のために利

す 大東亜各国は互恵の下緊密に提携し、其の経済発展を図り、大東亜の繁栄を増進す 大東亜各国は万邦との交誼を篤うし、人種的差別を撤廃し、普く文化を交流し、進んで資源を開放し以て世界の進運に貢献す	用しない。また他国に圧力を加えない。 ＊侵略または侵略の脅威・武力行使によって、他国の領土保全や政治的独立をおかさない。 ＊国際紛争は平和的手段によって解決 ＊相互の利益と協力を促進する ＊正義と国際義務を尊重

さらに一九六一年にタイ、フィリピン、マラヤ連邦（現・マレーシア）の三か国が結成した東南アジア連合（Association of Southeast Asia, ASA）を前身とするＡＳＥＡＮ（東南アジア諸国連合）が一九六七年の「バンコク宣言」によって設立され、右記項目は支那韓鮮の特亜三国を除くすべての東亜各国において確立された。

上記比較表で見れば、カイロ宣言と大東亜宣言のいずれが歴史的に実現されたかは明らかである。驚くべきことは、チャーチル（英国）もルーズベルト（米国）もカイロ会談の前に自国領土を喪失、または独立させられていたことである。英国はマレー、シンガポールを占領され、ビルマと自由インドが独立していたし、米国も〝打ち出の小槌〟だったフィリピン植民地を日本軍により独立させられていた。

呑気にエジプトでピラミッド見学などしている場合ではなかろうと思うのだが、彼らはこの段階においても日本を打ち負かせば植民地は自動的に戻ってくると構えていたのである。あまりに楽観的である。米英指導者はここまでアジア人を舐めていたのである。開戦から二年を経て、アジア経営の拠点であるシンガポールが陥落し、インド亡命政権が設立され、米国最大の海外領土であったフィリピンが強制独立させられているのに、この楽観ぶりはどこから来るのであろうか。失った植民地など簡単に回復できると舐めきっていたのである。白人優越主義の為せる技である。

（3）稲田文書

ここに手書きされた一片の外務省外交機密文書が存在する。日付けは昭和十三年六月二十日、発出された部署名は「第二課」としか記されていない。

文書の表には「極秘　三十部のうち5号」という判が押され、二ページ目（文書番号2042）に次のように書き込まれている。

次に示す資料1と2は資料全十八葉のうち冒頭の資料二葉である。

其一　戦争指導に関する根本方針

一、本事変の本質及目的

本事変は消極的には満洲事変の終末戦たると共に積極的には東亜解放の序幕戦たるの意義を有し皇国一貫

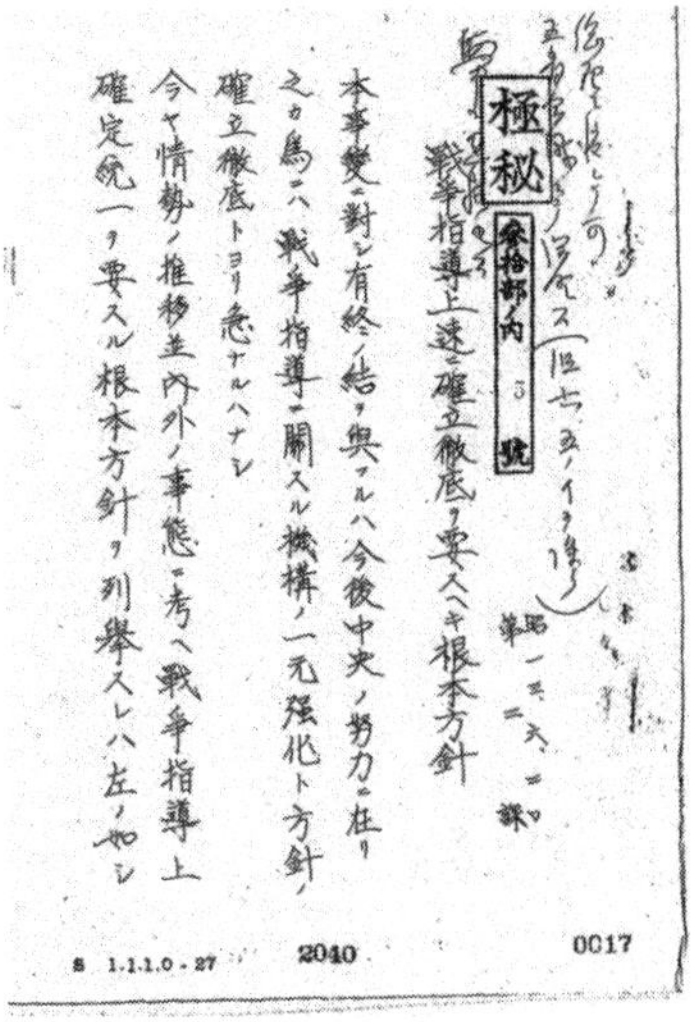
極秘
参拾部ノ内　5　號
昭一三、六、二〇
第二課
戦爭指導上速ニ確立徹底ヲ要スヘキ根本方針
本事變ニ對シ有終ノ結ヲ與フルハ今後中央ノ努力ニ在リ
之カ爲ニハ戰爭指導ニ關スル機構ノ一元強化ト方針ノ
確立徹底トヨリ急ナルハナシ
今ヤ情勢ノ推移並内外ノ事態ニ考ヘ戰爭指導上
確定統一ヲ要スル根本方針ヲ列擧スレハ左ノ如シ
S 1.1.1.0-27　2040　0017

資料1

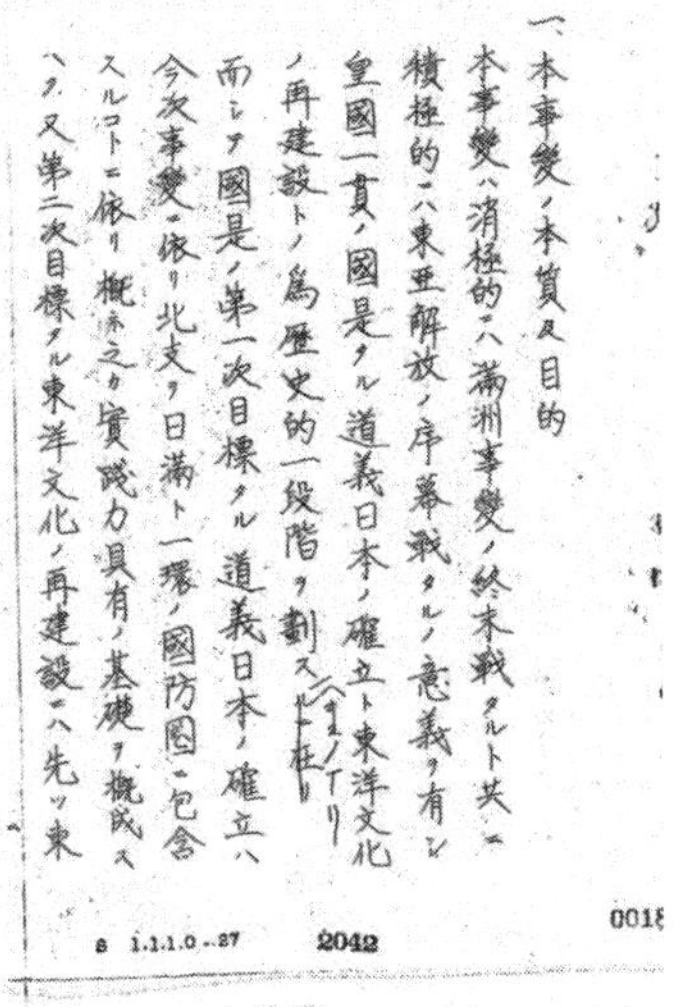
一、本事變ノ本質及目的
本事變ハ消極的ニハ滿洲事變ノ終末戰タルト共ニ
積極的ニハ東亞解放ノ序幕戰タルノ意義ヲ有シ
皇國一貫ノ國是タル道義日本ノ確立ト東洋文化
ノ再建設トノ爲歴史的一段階ヲ劃スルモノナリ
而シテ國是ノ第一次目標タル道義日本ノ確立ハ
今次事變ニ依リ北支ヲ日滿ト一環ノ國防圏ニ包含
スルコトニ依リ概ネ之カ實踐力具有ノ基礎ヲ概成ス
ヘク又第二次目標タル東洋文化ノ再建設ニハ先ツ東
S 1.1.1.0-27　2042　0018

資料2

の国是たる道義日本の確立と東洋文化の再建設との為歴史的一段階を劃《かく》すべきものなり。

支那事変について、アジア解放戦争開始の序幕戦とすべきであると言ってのけているのである。

昭和十二年七月七日に発生した盧溝橋事件をきっかけとして支那事変が勃発した。当初、日本側は戦線不拡大方針を採り、幾度も停戦協定を結んだのだが、支那軍による通州日本人虐殺事件（昭和十二年七月二十九日）、上海日本人租界包囲（八月十二日）、上海防衛日本海軍陸戦隊への攻撃（八月十三日）、上海日本人租界への砲爆撃開始などの軍事攻撃により、和平への道はことごとく破られてしまった。この事実からして、蔣介石は前々から日本人排斥の目論見を持っていたと思われる。蔣介石自身にすれば、アヘン戦争で科学力に優れた白人に蹂躙《じゅうりん》されたことはやむなしとしても、同じアジア人であり、その中華思想から東夷として見下していた日本人が、白人と一緒になって支那の一部を占拠していることは許しがたい屈辱だったのである。

また、その屈辱感に米英が乗っかった。蔣介石を焚きつけて日本軍を支那大陸から追い出し、日本が日清戦争、日露戦争、第一次大戦で獲得した利権の横取りを狙っていたのである。

日本軍はやむなく武力討伐へ舵を切り、日本人虐殺の首謀者である蔣介石を捕縛するために蔣介石政権の首都である南京を占領したのだが、当の蔣介石は首都陥落前に大陸奥地へ敵前逃亡し、支那事変は泥沼化の様相を呈し始めた。その時期は昭和十三年春頃である。

戦後生まれは、支那事変は日本が支那大陸を植民地化し、利権を獲得するために侵略した侵略戦争であると教えられてきた。東京裁判で満洲事変にはじまる十五年戦争は、大日本帝国による悪しき侵略戦争であると規定されたことが、その侵略史観の根底にあることは明らかである。日本共産党と日教組、左翼マスコミ、疑似戦勝国である米国は、大日本帝国を悪者にしないと自分たちが悪者にされてしまうから必死であった。原爆使用に対する免罪符を必要としていた疑似戦勝国である米国は大日本帝国を悪魔と規定しなければ、自らが悪魔と規定されてしまうから、死に物狂いで〝戦犯国家日本〟を捏っち上げた。

一方、左翼に対する日本既存保守論壇の論調と言えば、当時の日本軍は支那との協定に基づいて合法的に駐留していたのであり侵略ではないが、定見のない近衛内閣と無能な軍部が戦略的対応策を見いだせないま

稲田正純

まズルズルと引きずりこまれていったという評価であった。

日本人自身の几帳面かつお人好しな民族性からして、ただの物取りに出張っていったとか、ズルズルと定見なく引きずり込まれていったという保守と左翼の見解に、著者のみならず多くの日本人も違和感を覚えたのではないだろうか。

その結果、大日本帝国による自発的な介入であったという証拠が見いだせないため、支那事変を陰謀したのは当時のアメリカ大統領ルーズベルトだったとか、ルーズベルトを焚きつけたのは実はスターリンだったとか、いや真の黒幕はスターリンを焚きつけたロックフェラーとかいう、いわゆる〝連鎖型陰謀論論争〟が賑わう形となったのである。

大日本帝国が主体的に行動したという証拠文献が発掘されていない以上、他国からの唆《そそのか》しという〝陰謀論〟を考えるしか他に手がないという結論なのである。

歴代作戦課長

氏名	階級	就任	退任	後職備考
清水規矩	大佐	昭和11年6月19日	昭和11年8月1日	歩兵第73聯隊長
富永恭次	大佐	昭和11年8月1日	昭和12年1月7日	関東軍司令部附
武藤　章	大佐	昭和12年3月1日	昭和12年10月26日	中支那方面軍参謀副長
河邉虎四郎	大佐	昭和12年10月26日	昭和13年3月1日	浜松陸軍飛行学校教
稲田正純	中佐	昭和13年3月1日	昭和14年10月12日	参謀本部附 昭和13年7月15日 大佐昇格
岡田重一	大佐	昭和14年10月12日	昭和15年9月28日	歩兵第78聯隊長
眞田穰一郎	大佐	昭和17年12月14日	昭和18年10月5日	参謀本部第1部長 昭和18年8月2日 少将昇格

資料３

写真（28頁）の軍人は昭和十三年三月から陸軍参謀本部第一部第二課長を務めていた稲田正純陸軍大佐（終戦時は陸軍中将）である。著者らはこの人物が上記文献の発出者であると特定した。上記文献の発出日は昭和十三年六月であるから、稲田正純課長の下で作成され、関係省庁に配布されたことは間違いないと判断したのである。

資料３は昭和十一年から十八年までの歴代作戦課長の氏名、階級　就退任時期、後職を示している。

支那事変をアジア全域解放のための口実として積極的に拡大

参謀本部作戦部作戦課長は歴代陸軍の生え抜き

エリートが抜擢された。生え抜きとは陸軍幼年学校、陸軍士官学校、陸軍大学出身者を言う。

当時、心身ともに優秀なる子弟は陸士か海兵に入り、そこから外れたものが一般大学へ入学する傾向があったと聞いた。作戦課長とはそれほどのエリートだったのである。

盧溝橋事件以降、石原莞爾作戦部長の不拡大方針もあり、現地日本軍は何度か停戦を実行していたが、そのつど蔣介石軍側は停戦を破り、挑発を繰り返していた。そのため、日本軍は武力解決の道を採らざるを得なくなり、不拡大派の石原莞爾作戦部長を更迭すると同時に、喧嘩両成敗なのか部下であった拡大派の武藤章作戦課長も更迭した。そして十二月の南京攻略を経て、戦火は支那奥地へと拡大していく。

稲田大佐は支那事変不拡大を唱えた石原莞爾作戦部長と対立した武藤章大佐（東京裁判で有罪判決を受け殉死）の後任の河邉虎四郎大佐のさらに後任として、昭和十三年三月一日作戦課長に就任した。

重慶蔣介石政権の息の根を止めるには援蔣ルートの遮断が必須となるわけであるが、援蔣ルートの遮断とはベトナム、ビルマ、インドの植民地解放を意味していた。

大本営は〝東亜解放〟のための口実を得たことになった。

明治維新直後に開設された玄洋社（明治十四年）と、日露戦争の勝利以降続々と日本に逃れて来ていたビハリー・ボース（インド）などのアジア独立派が虎視眈々と狙っていた東亜解放のチャンスがやっと巡ってきたのである。そして、それに必要な軍事力が用意されていた。

昭和十六年（一九四一）末における日米の軍事力を比較してみる（ここで留意すべきは米国は太平洋と大西洋の二正面に戦力を振り分けられるため不利に働くということである）。

人員（軍人・軍属）
米国──一八八万
日本──二四二万

海軍艦艇
日本──一四八万トン（三八五隻）
米国──一三一万トン（三四一隻）

航空機

日本―四七七二機

米国―一万二二四〇機

開戦時の就役主要艦艇数

	戦艦	空母	巡洋艦	駆逐艦	潜水艦	主要戦闘艦艇	合計
日本	一〇	一〇	三八	一一二	六五	二六一隻	約一〇〇万トン
米国	一七	七	三七	一八〇	一〇九	三五〇隻	約一三八万トン

日本海軍は別に補助艦艇一二九隻約四五万トン、特設艦船七〇〇隻一五〇万トンを保有していた。

開戦時の海軍航空兵力（日本）

二二七四機（戦闘機五一九、爆撃機二五七、攻撃機九五五、偵察機四三九）

太平洋、極東地域にある連合軍機は合計約三六〇〇機

ＧＤＰを比較すれば十〜二十倍もの差があったことは間違いないが、それは大きな脅威とは考えられなかった。なぜなら、日清日露の戦いでも敵国のＧＤＰは日本のそれを大きく凌駕していたからである。超大国であった清国、ロシア帝国に打ち勝ち、第一次大戦に勝利し、有色人種でありながら有色人種の国である満洲国を独立させ、支那事変も連戦連勝だった大日本帝国が極東の米英軍をことのほか恐れていたとは到底考えられないのである。

戦力比較を見る限り帝国陸海軍の装備は米英に劣っているどころか、互角ないし勝っているという当時の現実を見ると、「新参者の米国何するものぞ」という気概が伝わってくる。米国が単独で戦って勝利したのは対メキシコ戦争と対スペイン戦争という二流国家相手の戦争のみであり、英国からの独立戦争以来列強との戦闘経験を持たなかった。なぜそんな国を恐れるのであろうか。

日本軍が米国の軍事力を恐れていたなどというのは、戦後になって米国が自国を強く見せるために捏っち上げたプロパガンダである。上記に示した稲田正純大佐の文書を見る限り、米英を恐れていたなどという様子はどこにも見て取れない。

大日本帝国は支那事変をアジア全域解放のための口実として積極的に拡大していっ

た。軍と政府の無能から内戦に引きずり込まれたり、他国の陰謀に騙されたわけではない。確たる軍事的実績のもと維新以来の宿願であった東亜全域における「尊皇攘夷」を実行しただけである。

以下に昭和史研究家の八巻康成氏による上記資料の「三十部の内二十二号」の書き起こし文を紹介する。

外務省外交資料館より
レファレンスコード
B02030550200 より
昭和十三年六月二十三日

戦争指導上速に確立徹底を要すべき根本方針
本事変に対し有終の結を与ふるは今後中央の努力に在り。之か為には戦争指導に関する方針の確立徹底と機構の一元強化とより急なるはなし。

其一　戦争指導に関する根本方針

一、本事変の本質及目的

本事変は消極的には満洲事変の終末戦たると共に積極的には東亜解放の序幕戦たるの意義を有し皇国一貫の国是たる道義日本の確立と東洋文化の再建設との為歴史的一段階を劃《かく》すべきものなり。

而して国是の第一次目標たる道義日本の確立は今次事変に依り北支を日満と一環の国防圏に包含することに依り概ね之が実践力具有の基礎を概成すべく　又第二次目標たる東洋文化の再建設には先づ東亜を我皇道を中核とする物心両面の共栄に導き、以て不幸なる欧米依存の状態より解放するを要す。之が為には真日本の顕現、満洲国の善政、日満支の提携並「ソ」英問題の処理を必要とし「ソ」英問題は一般の情勢上、対「ソ」処理を先決とす。

二、日支関係の根本基調

日支は東洋文化の再建を以て共同の目標とし相互に善隣の関係に置かれるべきものなり。東亜に於いて日本は先覚指導者として又支那は大なる実在として夫々天賦の使命実相を有し相互に尊重せらるべきものなり。

日満支が共同目標に向ひ各々其使命を遂行せんが為には日本は日、満、北支を範域とする強力国防圏の確立を必要とし又支那は欧米依存の状態より脱却して国内の治安開発に邁進するの要あり。而して日本が北支を国防圏として考ふるの程度は共同防衛の見地よりする戦略的考慮の外現地の福利増進を顧念しつつ日満の不足資源を彼地に求むるを以て基準とすべく又支那が国内を開発するの要は日満支の間有無相通長短相補以て生産消費、交易の関係を律するに在り。

三、北支及中南支の皇国に対する地位

（イ）北支

河北省及山西省の各北半（概正太線）以北及山東省は資源開発上並軍事上の見地に於いて皇国の自存並日満国力結成即ち道義日本の大局的生存の為絶対不可欠の範

域なり。

従つて右範域を政治地理的に包含する最小限度の地域即ち北支五省（黄河以北河南省を含む）は平戦時を通し日満と一環の結合内に置かれるべきものなり。

（ロ）中南支

中南支は上海を除く外、次項第三日支提携一般問題の範疇に於て考定せられるべきものなり。

四、本事変の解決に方り確定すべき根本事項（其形式は解決の情勢に依り多少の変化あるべし）

第一　北支資源の開発利用

第二　北支及上海に於ける日支強度結合地帯の設定、蒙疆《もうきょう》の対「ソ」特殊地位の設定

第三　日支平等互恵を基調とする日支提携一般問題

（イ）善隣友好

（ロ）共同防衛

（ハ）経済提携

五、全面的に守備の態勢に転移すべき情勢に至る迄に於ける北中支に対する内面指導方針

政務の内面指導は一般に現地政権発達の段階に応せしむるものとす。之が統合調整並統一促進の為中央に一機関を設け東京よりの指導力を一層強化す。当分の間概ね現状を継続するも現地に照応し逐次現地軍政政務指導業務を整理す。

其二　戦争指導機構の強化統一に関する措置

本事変以来国家最大の欠陥は戦争指導機構の不統一乃至不活動に在り。今にして之を是正せずんば本事変の成果を逸し更に近き将来に到来すべき歴史的世界転機に一籌《いっちゅう》を輸【おくれをとる】せんことを虞《おそ》るるのみならず事変に続いて我危急存亡の

事態発生の懸念すら、なきにあらず。職を中央に奉する者正に猛省の要あり。

即刻強化実現を要すべき要項左の如し。

皇道精神の確立徹底

戦争指導の一元強化

総動員指導権の確立

経済戦及思想戦の基礎確立

上記文書の後段では事変勃発を積極的に活用し、事変収拾の落としどころを、支那と日本の協力によるアジア全域の解放（東亜の欧米依存からの解放）を目指す合意の締結とすべきであると主張している。

稲田大佐の目論見の一部は二年後に達成された。昭和十五年三月三十日、蔣介石側から汪兆銘が日本側の説得に応じて重慶を脱出し、南京に国民政府を開いたからである。汪兆銘南京政権が日本の側についただけでも対中作戦継続の大義名分が立つわけであるし、蔣介石が日本軍と汪兆銘軍への抵抗を続ける限り、米英による蔣介石への軍事援助を阻止する軍事作戦の発動（援蒋ルート遮断）に大義名分を与えることができる。

以下に援蒋ルートについてウィキペディアから引用する。


援蒋ルートの経路は、日中戦争の開戦から太平洋戦争の終戦まで途中、日本軍によって遮断されたり独ソ戦の開戦によって援助が滞ったものも数えて、4つある。

香港からのルートは、当時イギリスが植民地支配していた香港に陸揚げされた物資を鉄道や珠江の水運を利用して、中国大陸内陸部に運ぶ輸送路だが、1938年10月に広州を日本軍に占領されると遮断された。

仏印ルートは、当時フランスの植民地であったフランス領インドシナ西部のハイフォンに陸揚げされた物資を昆明まで鉄道で輸送するものだったが、1940年のフランスがドイツに敗北し、ヴィシー政権が成立した後に行われた北部仏印進駐により日本軍によって遮断された。

ソ連からのルートは、他のルートと同じく重要なものであったが、1941年に独ソ戦が開始されるとソ連軍はドイツとの戦いに多くの物資を振り分けたために中華民国を支援する余裕はなく、またこのルートを通じた援助を続けることで、同年に日ソ中立条約を結んだ日本を刺激することを恐れたため、物資の供給を取りやめた。

ビルマルートは、新旧2つの陸路と1つの空路があり、当時イギリスが植民地支配していたビルマ（現在のミャンマー）のラングーン（現在のヤンゴン）に陸揚げした物資をラシオ（シャン州北部の町）までイギリスが所有、運営していた鉄道で運び、そこからトラックで雲南省昆明まで運ぶ輸送路（ビルマ公路：Burma Road）が最初の陸路で、日本軍が全ビルマからイギリス軍を放逐し平定した1942年に遮断された後、イギリスとアメリカはインド東部からヒマラヤ山脈を越えての空路（ハンプ：The Hump）に切り替え支援を続けた。

しかし、空輸には限りがある上に、空輸中の事故も多発したため、アメリカが中心となって新しいビルマルートの建設を急ぎ、イギリス領インド帝国のアッサム州レドから昆明まで至る新自動車道路（レド公路：Ledo Road）が北ビルマの日本軍の撤退後の1945年1月に開通する。

無謀な作戦ではなかった

大東亜戦争の開戦時、残る援蔣ルートはビルマルートだけであった。このルートを遮断するには二つの方策が存在した。ビルマ攻略作戦により英国軍をビルマから放逐し、英領植民地ビルマをそのまま横取りするか、ビルマを正式にビルマ国として独立させるかの二択である。上記資料でも稲田が述べている通り、「道義日本の確立」という観点に立てば後者を選択するのが理にかなっているし、皇祖皇宗の国是たる「八紘一宇」の理念からも当然の選択であった。

著者はこの極秘文書を「支那事変＝アジア解放序幕戦論」と名づける。

共産党・日教組はまたしても「支那事変＝アジア解放序幕戦論」など建前にすぎず、侵略への言い訳であると非難するであろう。しかしながら、史実は「支那事変＝アジア解放序幕戦論」の通りに推移し、十二年後の昭和二十年前半までにマレー半島、ブルネイを除く東南アジア地域のほとんどは援蔣ルート遮断を目指す現地日本軍によって欧米植民地から独立させられていたのである。建前や言い訳なら実現する必要などない。実現された以上、「支那事変＝アジア解放序幕戦論」は建前や言い訳ではなく、真に「大東亜戦争開始の動機」となっていたということである。

保守論壇の一部が主張する「日本は支那事変に引きずり込まれた」というのも間違いである。引きずり込まれたどころか、裏づけとなる軍事力と作戦実績を有していたから、自ら全アジア解放実現のために支那事変を意図的に拡大させたのである。

無謀な戦いだったなどという論議は戦後になって疑似戦勝国アメリカと左翼共産党マスコミが捏っち上げたプロパガンダである。

無謀であったなどと言うなら、無謀な戦争で開戦中にアジア七ヶ国を独立させたというのであろうか。馬鹿げた論争はいい加減にせよ。大日本帝国陸軍は無謀どころか、緻密かつ確たる作戦計画のもと大東亜戦争を発動し、アジアを解放した。非合法なる残虐兵器である核爆弾が使用されたから、本土決戦もせず、占領地のほとんどを維持し、七ヶ国を独立ないし独立宣言準備を行わせているにもかかわらず、昭和超帝は終戦＝終核戦争という名の戦争放棄を決せられたのである。

無謀であったというなら、アジア解放戦争を画策した稲田正純は無謀なる人物であったかというと、そうではない。昭和十八年二月、稲田は南方軍参謀副長として赴任する。そこで稲田は、インパール作戦の実施に猛反対して更迭された。猛反対した理由は損失があまりに大きく、実施すれば、せっかく独立させたビルマ国の維持すら困難になると予見したからである。稲田正純は無謀なる人士ではなく、極めて合理的論理的に作戦を考える軍人だったのである。

インパール作戦の結果は稲田の予想通りとなった。帝国陸軍は大損害を被ったが、敵の英国軍も日本軍と同様に大損害を出していた。そのためビルマの独立はかろうじて維持されていたが、極めて危うい独立維持となってしまった。その結果、昭和二十年三月に起きたアウンサンらによる駐留日本軍への反乱へと繋がる。

米英にとって蔣介石は疫病神であり貧乏神だった

米英が蔣介石に関わって得たものは大英帝国の崩壊、米国領フィリピンの喪失、原爆使用の汚名、支那大陸の共産化と朝鮮戦争・ベトナム戦争の勃発、支那利権の完全喪失、戦後三十年間に及ぶ支那市場の喪失、白人優越主義・植民地主義・奴隷制度の崩壊、米国における黒人解放運動の終結（黒人大統領の誕生）、中近東・アフリカ諸国の完全独立などである。

米英が蔣介石に軍事援助せず、大日本帝国と汪兆銘南京国民政府に協調していれば、上記に列挙した喪失は発生しなかったのである。当時の米英指導部はまことに愚かであったと言うほかない。

蔣介石とは一体何だったのかと問われれば、米英にとっては疫病神かつ貧乏神であったと答えるしかない。

ウィキペディアには「1975年（昭和50年）頃、ノモンハン事件を執筆しようと考えていた作家の司馬遼太郎が、文藝春秋の半藤一利とともに稲田のもとを訪れた。事件当時の参謀本部作戦課長であった稲田は、『とにかく悪いのはみんな関東軍だ。現地が言う事を聞かなかったからあんなことになった』『国境線のことは関東軍に任せていた』というような話しかしない。その無責任な態度に司馬遼太郎は、『いくらなんでもあんまりじゃないか。こんな奴が作戦課長だったのかと、心底あきれた』と半藤に語ったという」と記されている。

自虐敗戦小説ばかりを書き込んでいる半藤一利と、大東亜戦争を否定するのみで日露戦争以降の日本の戦争を書こうとしない故司馬遼太郎の両人に欠如している歴史観は、アジア解放史観である。大東亜戦争は紛れもなくアジア解放戦争であった。だから、戦時中にマレーとブルネイを除く東南アジア（インドを含む）が独立ないし独立宣言を行っていたのである。独立したのは戦後ではない、戦中である。

半藤と司馬のインタビューを受けた稲田はアジア解放の目的について語ったはずであるが、敗戦論者である半藤も司馬も聞く耳を持たなかったであろうし、何を言っているのかも理解できなかったであろう。

半藤と司馬が稲田をどう非難しようと、稲田の提案がなければ、アジアもアフリカも米国黒人も白人植民地主義、白人優越主義から解放されることはなかった。いまだに有色人種は白人の植民地奴隷として家畜のように使役されていたであろう。半藤一利も司馬遼太郎も日本国のパスポートを持って独立したアジア・アフリカ各国の入国許可（ビザ）をもらって旅ができるのは誰のおかげなのかをよく考えるべきである。歴史に無責任なのは半藤一利と故司馬遼太郎である。

稲田文書の発掘により、大日本帝国は支那事変すらアジア解放戦争開始の口実に使用していたことが明らかとなった。要するに大日本帝国は〝植民地解放戦争〟を始めたくて仕方がなかったということである。そのための軍備と訓練、実戦経験が十分であったということなのだが、ただ一つだけ欠けているものがあった。それは開戦名目である。

（4）終戦の詔書

国立公文書館デジタルアーカイブより終戦の詔書原本の写真を示す（48頁）。

終戦の詔書に次のように書かれている。

「朕は帝国と共に終始東亜の解放に協力せる諸盟邦に対し遺憾の意を表せざるを得ず」

昭和十六年十二月八日（帝国政府声明）と昭和十八年十一月六日（大東亜宣言）と昭和二十年八月十四日（終戦の詔書）はアジアの解放という縦糸で一直線につながれた。

大日本帝国が目指した「アジアの解放」とは、後づけでも建前でも言い訳でもない。開戦前からの一貫した揺るぎない方針だった。だからアジアは植民地主義、奴隷労働から解放されたのである。結果論だの建前論だのという論理は、戦後になって大日本帝国がアジア解放者となっては困る米国、日本共産党、東大共産党員歴史閥、共産党員占拠NHK、共産党員占拠新聞、共産党員占拠出版社が捏っち上げたプロパガンダである。

終戦の詔書

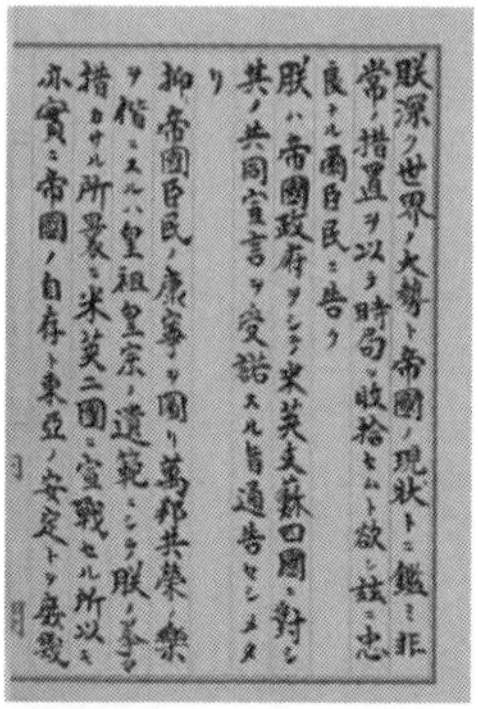

朕深ク世界ノ大勢ト帝國ノ現狀トニ鑑ミ非
常ノ措置ヲ以テ時局ヲ收拾セムト欲シ茲ニ忠
良ナル爾臣民ニ告ク
朕ハ帝國政府ヲシテ米英支蘇四國ニ對シ
其ノ共同宣言ヲ受諾スル旨通告セシメタ
リ
抑々帝國臣民ノ康寧ヲ圖リ萬邦共榮ノ樂
ヲ偕ニスルハ皇祖皇宗ノ遺範ニシテ朕ノ拳々
措カサル所曩ニ米英二國ニ宣戰セル所以モ
亦實ニ帝國ノ自存ト東亞ノ安定トヲ庶幾

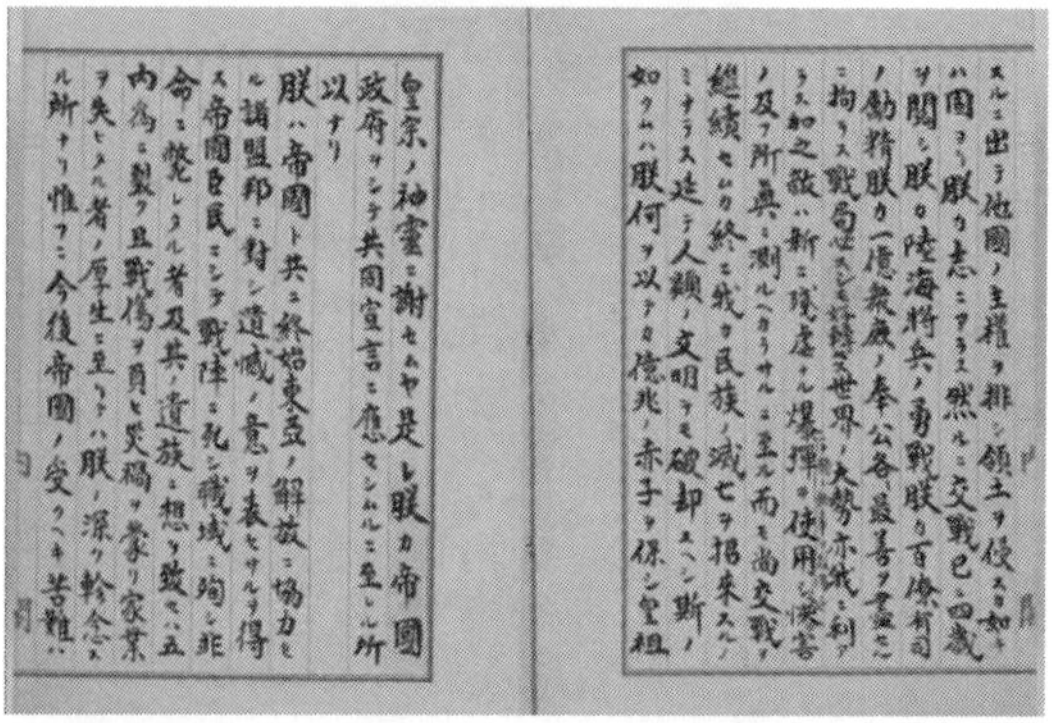

スルニ出テ他國ノ主權ヲ排シ領土ヲ侵スカ如
キハ固ヨリ朕カ志ニアラス然ルニ交戰已ニ四歳
ヲ閲シ朕カ陸海將兵ノ勇戰朕カ百僚有司
ノ勵精朕カ一億衆庶ノ奉公各々最善ヲ盡セル
ニ拘ラス戰局必スシモ好轉セス世界ノ大勢亦我ニ利
アラス加之敵ハ新ニ殘虐ナル爆彈ヲ使用シテ頻ニ無辜ヲ殺傷シ慘害
ノ及フ所眞ニ測ルヘカラサルニ至ル而モ尚交戰ヲ
繼續セムカ終ニ我カ民族ノ滅亡ヲ招來スルノ
ミナラス延テ人類ノ文明ヲモ破却スヘシ斯ノ
如クムハ朕何ヲ以テカ億兆ノ赤子ヲ保シ皇祖

皇宗ノ神靈ニ謝セムヤ是レ朕カ帝國
政府ヲシテ共同宣言ニ應セシムルニ至レル所
以ナリ
朕ハ帝國ト共ニ終始東亞ノ解放ニ協力セ
ル諸盟邦ニ對シ遺憾ノ意ヲ表セサルヲ得
ス帝國臣民ニシテ戰陣ニ死シ職域ニ殉シ非
命ニ斃レタル者及其ノ遺族ニ想ヲ致セハ五
內爲ニ裂ク且戰傷ヲ負ヒ災禍ヲ蒙リ家業
ヲ失ヒタル者ノ厚生ニ至リテハ朕ノ深ク軫念ス
ル所ナリ惟フニ今後帝國ノ受クヘキ苦難ハ

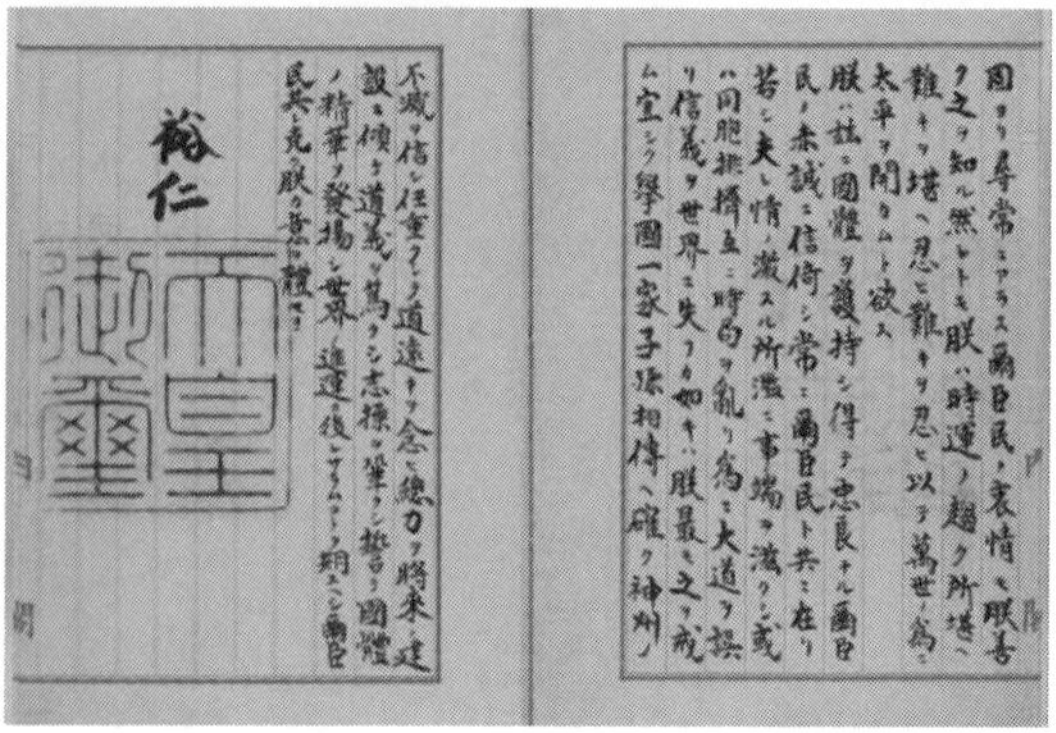

固ヨリ尋常ニアラス爾臣民ノ衷情モ朕善
ク之ヲ知ル然レトモ朕ハ時運ノ趨ク所堪ヘ
難キヲ堪ヘ忍ヒ難キヲ忍ヒ以テ萬世ノ爲ニ
太平ヲ開カムト欲ス
朕ハ茲ニ國體ヲ護持シ得テ忠良ナル爾臣
民ノ赤誠ニ信倚シ常ニ爾臣民ト共ニ在リ
若シ夫レ情ノ激スル所濫ニ事端ヲ滋クシ或
ハ同胞排擠互ニ時局ヲ亂リ爲ニ大道ヲ誤
リ信義ヲ世界ニ失フカ如キハ朕最モ之ヲ戒
ム宜シク擧國一家子孫相傳ヘ確ク神州ノ

不滅ヲ信シ任重クシテ道遠キヲ念ヒ總力ヲ將來ノ建
設ニ傾ケ道義ヲ篤クシ志操ヲ鞏クシ誓テ國體
ノ精華ヲ發揚シ世界ノ進運ニ後レサラムコトヲ期スヘシ爾臣
民其レ克ク朕カ意ヲ體セヨ

裕仁

天皇御璽

彼らは大日本帝国がアジア解放の英雄であっては困るのだ。なぜなら、大日本帝国が英雄となると、それに敵対していた彼らはただの悪党と認定されるからだ。古来ヒーローの敵役とは悪党であると認定されるからである。

第二章　奇妙なハルノート

ハルノートとは

昭和十六年十一月二十七日（日本時間、米国時間は二十六日）、米国ハル国務長官は駐ワシントン日本大使の野村吉三郎・来栖三郎大使に対し、以下に紹介するハルノートを手交した。

一体〝ハルノート〟とは何であったのかを確認しておく。以下にハルノートに書かれた条件を紹介する。

一　日米英「ソ」蘭支泰国間の相互不可侵条約締結
二　日米英蘭支泰国間の仏印不可侵竝に仏印に於ける経済上の均等待遇に対する協定取極
三　支那及全仏印よりの日本軍の全面撤兵
四　日米両国に於て支那に於ける蔣政権以外の政権を支持せざる確約
五　支那に於ける治外法権及租界の撤廃
六　最恵国待遇を基礎とする日米間互恵通商条約締結

七　日米相互凍結令解除
八　円「ドル」為替安定
九　日米両国が第三国との間に締結せる如何なる協定も本件協定及太平洋平和維持の目的に反するものと解せられざるべきことを約す（日独伊三国同盟の骨抜き案）

要するに〝ハルノート〟とは支那大陸の権益確保に後れをとった米国が重慶蔣介石政権と手を組んで日本軍を支那大陸から追い出し、大日本帝国が日清日露の戦争以来築き上げてきた日本の権益を横取りしようと企む外交文書であった。そのような文書を大日本帝国が受け入れることなどあり得ない。

このように「受容困難な無理難題を日本側に突きつけ、開戦へと日本を追い込むための文書がハルノートだった」というのが、戦後長らく提唱されてきた〝ハルノート従来説〟である。

上記の従来説はあたかも歴史事象に整合性を持つかのような錯覚を与えるが、それは〝敗戦侵略ボロ負け史観〟という既存歴史観を基にハルノートを捉えるからであり、著者が明らかとした帝国政府声明と稲田文書を証拠とする〝戦勝解放論〟を基に〝ハルノート従来説〟を考えるなら、ハルノート評価に対して明白なる齟齬を生じせしめる。その理由とは次の通り。

もしも大日本帝国が維新以来の宿願であった「東亜の解放と自存自衛」を国是としていたなら、支那事変勃発もハルノート発出もアジア解放戦争を具体化せしめる良い口実となる。

このような仮定に立脚するならば、大日本帝国にとって支那事変の勃発とハルノート発出は歓迎すべき事象であったという、従来の歴史論を根本的に覆す可能性がある。

さらに推し進めて考察を重ねるなら、大日本帝国政府は対米開戦名目とするためハルノート発出を誑かした（「ハルノート日本側ヤラセ論」）、すなわち、わざと書かせた可能性を想起させるのである。

違和感を覚える二葉の写真

二葉の写真を見ていただきたい。この写真を視て最初に違和感を訴えてきたのは昭和史研究家で著者が主宰する昭和史復元研究集団札幌学派の八巻康成氏である。

写真1は一九四一年十一月十八日にルーズベルト大統領との会談を終えて記者団と会談する野村吉三郎、来栖三郎の両大使である。この両人の笑顔を観ていると、とても〝亡国の開戦〟に追い込まれている全権大使とは思えない。まるで対米交渉を達観し、楽しんでいるかのような出で立ちである。

写真2は十二月八日（日本時間）真珠湾攻撃から一時間後に国務長官コーデル・ハル

ホワイトハウスでルーズベルト大統領との会談を終えて記者団と会見する野村大使と来栖大使
1941(昭和16)年11月18日、米時間17日

写真1

昭和16年12月8日（日本時間）、ハル・ノートに対する『回答書』を手交した。

左から、ハル国務長官、野村大使、来栖大使

写真2

を訪れ、最後通牒を手交したあとのハル長官と両大使である。このとき、すでにハルは日本海軍機動部隊から発艦した大編隊により真珠湾に停泊する米太平洋艦隊が壊滅的打撃を受けていることを報告されていた。ハル国務長官の表情は青ざめ、まるで最愛の妻を失ったお通夜の晩の凡夫のような顔つきである。野村と来栖によほど嫌な思いをさせられたのであろう。

絶望的なハルの表情に較べ、両大使の表情は自信と威厳に満ち、覚悟を決めた侍の風貌すら垣間見ることができる。心なしか笑いを堪えているかのように見えるのは気のせいであろうか。

野村と来栖両大使の表情を見る限り、日米交渉決裂を喜び、そのネガティブな成果を自負しているかのようにも見える。まるで決裂させることを企み、思い通りに事が運んだようにも見える。少年が前から欲しかったオモチャを手に入れた時のように燥《はしや》いでいるのかもしれない。宝くじが当たった金持ちのように、その喜びを表に出すことはしない。貧乏人とは違う。はたまた万馬券が当たったかのような、三連単がダブルで当たったかのように、他人に悟られないよう口を真一文字に結び、喜びに堪えているかのようである。放心状態のハルの顔とは対照的である。

奇妙なり〝ハルノート〟

前述した通り、従来の学説では米国は〝ハルノート〟を日本に突きつけることにより、日本側から開戦するように仕組んだと言われている。石油禁輸・経済封鎖を受けながら、ハルノートという容認しがたい条件を突きつけられた大日本帝国は、戦争による解決という道しか残されておらず、その結果止むに止まれず対米英開戦に踏み切ったというストーリー展開が常態化されてきた。

しかし、この論には無理があることは前述した。当時の日本軍は援蔣ルートの遮断を口実とした、東亜全域における欧米植民地の解放独立を目指しており、〝ハルノート〟の受領は開戦の口実としては渡りに船であったと思われるからだ。

維新以来の宿願であった大アジア主義の実現は、欧米白人国家の放逐による大東亜共栄圏の確立という形にその姿を変えていたが、どうせ東亜解放戦争を開始するなら米英側から無理難題を要求させ、それを口実として開戦する方が開戦責任を敵側に押しつけることができるから都合がよい。

ここに「ハルノート従来説」への疑義が生ずる。もし、大日本帝国がアジア解放のための開戦を望んでいたのであれば、〝ハルノート〟は「渡りに船」であり、望むべきものであったはずである。

第三章　戦争指導班の機密戦争日誌

アジア解放史観から「機密戦争日誌」を読む

令和二年一月二十二日、八巻康成氏は「〝ハルノート〟脅迫開戦説」を真っ向から否定する文献「機密戦争日誌」を見いだした。

この文献は過去にも取り上げられてきたが、それぞれの研究者にアジア解放目的論が欠如していたため、戦争好きな旧軍部による〝煽り文書〟に過ぎないと看過されてきた。しかし、著者が主張するアジア解放目的論を元に解析すると、新たな視点が見えてくる。

機密戦争日誌は大本営陸軍部の戦争指導班（第二十班）の参謀が、日常の業務を交代で記述した戦争指導班としての、いわゆる業務日誌である。

防衛省防衛研究所
レファレンスコード
C12120319200
作成者名称

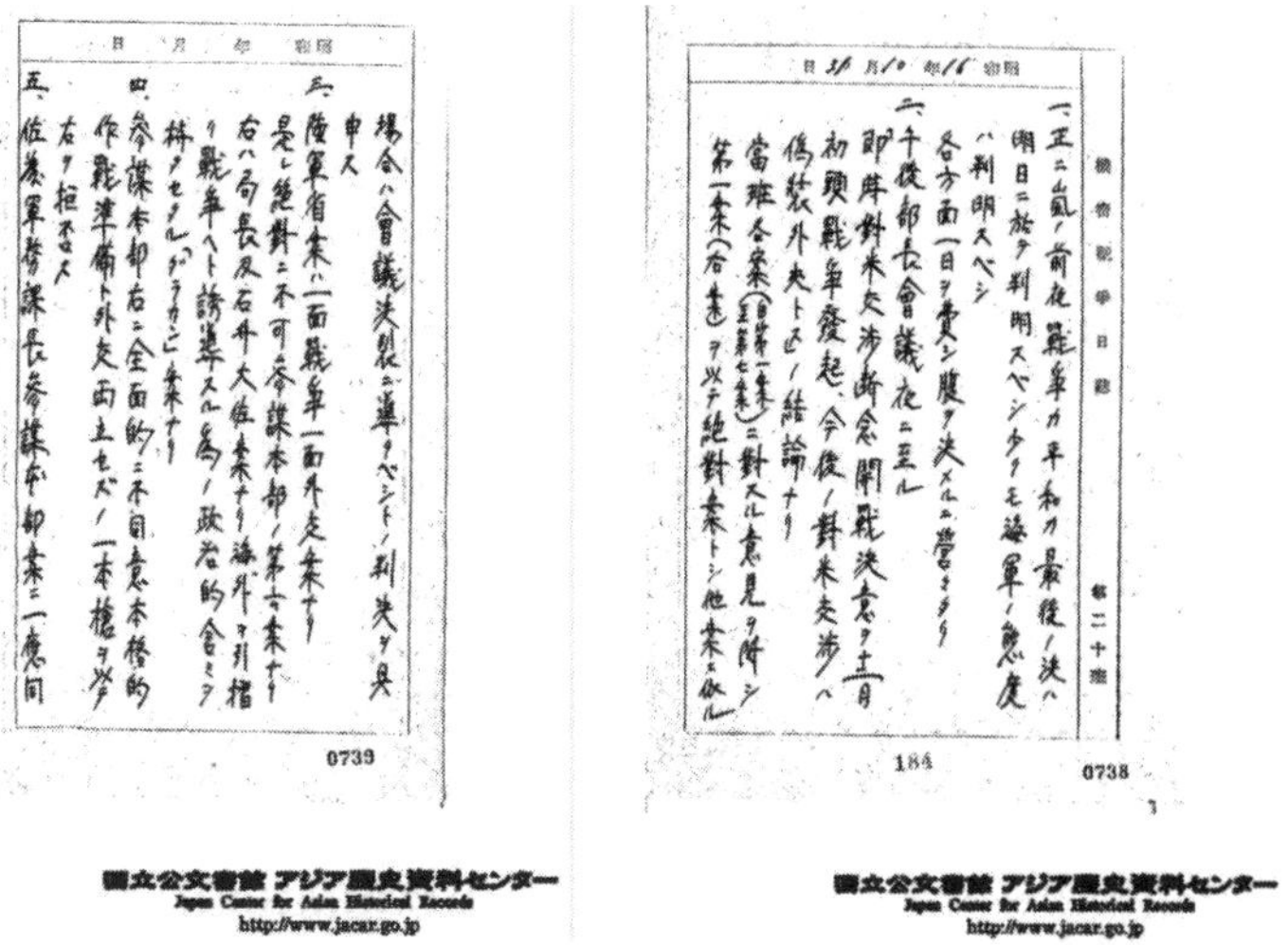
機密戦争日誌　第二十班
昭和16年10月31日
一、正ニ嵐ノ前夜戦争カ平和カ最後ノ決ハ明日ニ於テ判明スベシ少クモ海軍ノ態度ハ判明スベシ
各方面一日ヲ費シ腹ヲ決メルニ営々タリ
二、午後部長會議夜ニ至ル
即時對米交渉断念開戦決意ヲ十二月初頭戦争發起、今後ノ對米交渉ハ偽装外交トスルノ結論ナリ
當班各案（自第一案至第七案）ニ對スル意見ヲ附シ第一案（右案）ヲ以テ絶對案トシ他案ニ依ル
184
0738
場合ハ會議決裂ニ導クベシトノ判決ヲ具申ス
三、陸軍省案ハ一面戦争一面外交案ナリ
是レ絶對ニ不可参謀本部ノ第六案ナリ
右ハ局長及石井大佐案ナリ海外ヲ引摺リ戦争ヘト誘導スル為ノ政治的含ミヲ持タセタル「ガラガラ」案ナリ
四、参謀本部右ニ全面的ニ不同意本格的作戦準備ト外交両立セザルノ一本槍ヲ以テ
右ヲ拒否ス
五、佐藤軍務課長参謀本部案ニ一應同
0739

参謀本部第二十班（第十五課）
機密戦争日誌
昭和十六年十月三十一日付日誌より

一　まさに嵐の前夜戦争か平和か、最後の決は明日に於いて判明すべし、少なくも海軍の態度は判明すべし。各方面一日を費やし腹を決めるに営々たり。

二　午後部長会議夜に至る。「即時対米交渉断念開戦決意を十二月初頭戦争発起、今後の対米交渉は偽装外交とす」の結論なり。当班各案（自第一案至第七案）に対する意見を付し第一案（右案）を以て絶対案とし他案による場合は会議決裂に導くべしとの判決を具申す。

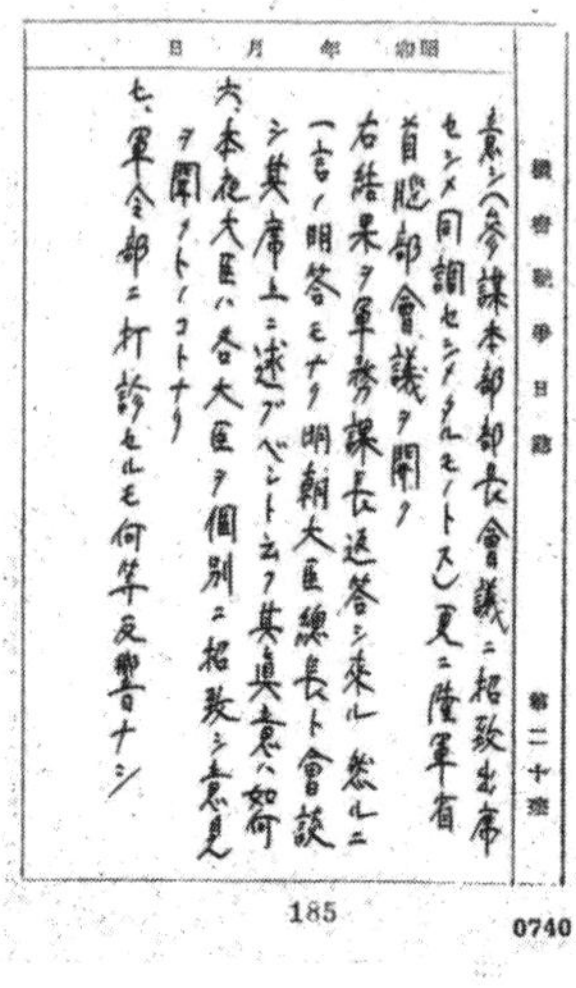

機密戦争日誌　　第二十冊

昭和　年　月　日

意シ（参謀本部部長會議ニ招致出席
セシメ同調セシメタルモノトス）更ニ陸軍省
首脳部會議ヲ開ク
右結果ヲ軍務課長返答シ来ル　然ルニ
一言ノ明答モナクシ明朝大臣總長ト會談
シ其席上ニ述ブベシト云フ其真意ハ如何
六、本夜大臣ハ各大臣ヲ個別ニ招致シ意見
ヲ聞クトノコトナリ
七、軍令部ニ打診セルモ何等反響ナシ

185　　0740

三　陸軍省案は一面戦争一面外交案なり。是絶対に不可、参謀本部の第六案なり、右は局長及び石井大佐案なり、海外を引き摺り戦争へと誘導するための政治的含みを持たせたる「ダラカン」案なり。

四　参謀本部右に全面的に不同意本格的作戦準備と外交両立せずの一本槍をもって右を拒否す。

五　佐藤軍務課長参謀本部案に一億同意し（参謀本部部長会議に招致出席せしめ同調せしめたるものとす）さらに陸軍省首脳部会議を開く、右結果を軍務課長返答し来たる、然るに一言の明答もなく明朝大臣総長と会談しその席上に述べるべしと言うその真意は如何。

六　本夜大臣は各大臣を個別に招致し意見を聞くとのことなり。

七　軍令部に打診せるも何ら反響なし。

帝国国策遂行要領
昭和十六年十一月一日
大本営政府連絡会議決定

一　帝国は現下の危局を打開して自存自衛を完うし大東亜の新秩序を建設する為此の際対米英蘭戦争を決意し左記措置を採る
一）武力発動の時機を十二月初頭と定め陸海軍は作戦準備を完整す
二）対米交渉は別紙要領に依り之を行ふ
三）独伊との提携強化を図る
四）武力発動の直前泰との間に軍事的緊密関係を樹立す
二　対米交渉が十二月一日午前零時迄に成功せば武力発動を中止す

この決定は十一月五日に開催された御前会議に於いて了承され確定されたが、「当面開戦名目の把握に努める」という一文が付与されていた。この開戦名目が二十二日後に発出されたハルノートに当たる。

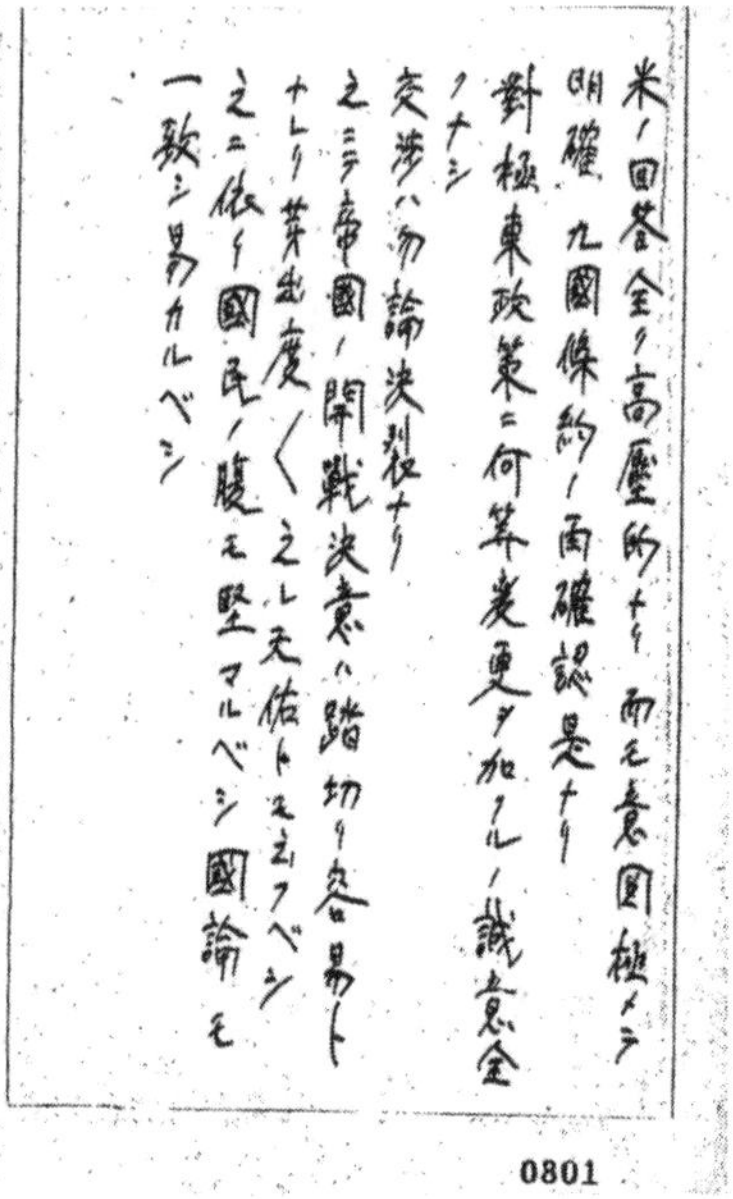
米ノ回答全ク高壓的ナリ　而モ意図極メテ明確　九國條約ノ再確認是ナリ
對極東政策ニ何等ノ変更ヲ加フルノ誠意全クナシ
交渉ハ勿論決裂ナリ
之ニテ帝國ノ開戦決意ハ踏切リ容易トナレリ　芽出度ク〳〵　之レ天佑トモ云フベシ
之ニ依リ國民ノ腹モ堅マルベシ國論モ一致シ易カルベシ

0801

機密戦争日誌　昭和十六年十一月二十七日
（注：米国側からハルノートが発出され交渉決裂が決定した日）

米の回答全く高圧的なり、しかも意図極めて明確、九ヶ国条約の再確認是なり。対極東政策に何ら変更を加えたるの誠意全くなし。

交渉は勿論決裂なり。これにて帝国の開戦決意は踏切容易となれり目出度し目出度し、これ天佑とも云うべし、之により国民の腹も堅まるべし国論も一致し易かるべし。

また、昭和十六年十一月二十九日の日誌には、米国側の対手であるコーデル・ハル、フランクリン・ルーズベルト両人に対する嫌悪ともいうべき言辞が述べられている。この文面を見る限り、当時の米国白人による日本人に対する人種的侮蔑、白人優越主義に対する憎悪がにじみ出ている。戦争原因はアングロサクソン特有の有色人種に対する傲慢不遜に対する反感である。

五　開戦企画秘匿如何とすべきやを研究せるも現状推移の外名案なし。米国未だ戦争準備全くなし。独逸の対ソ戦争急襲以上の対米戦争急襲正に成就せんとす。先入主観の禍害茲に最たり。「ヤンキー」の対日軽侮も旬日を出でずして思い知らしめるべし。

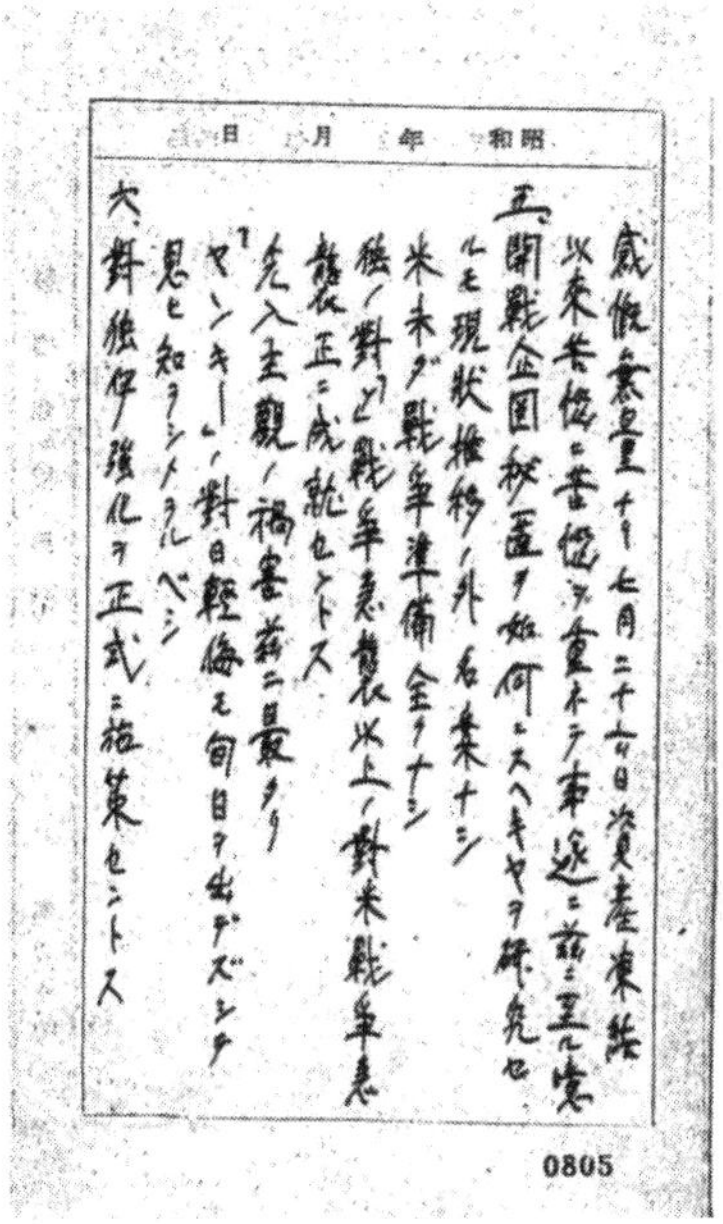
昭和　年　月　日

感慨無量ナリ七月二十六日資産凍結以来苦悩ニ苦悩ヲ重ネテ事遂ニ茲ニ至ル寔
五、開戦企図秘匿ヲ如何ニスヘキヤヲ研究セルモ現状推移ノ外名案ナシ
米未ダ戦争準備全クナシ
独ノ対ソ戦争急襲以上ノ対米戦争急襲正ニ成就セントス
先入主観ノ禍害茲ニ最タリ
「ヤンキー」ノ対日軽侮モ旬日ヲ出デズシテ思ヒ知ラシムルベシ
六、対独伊強化ヲ正式ニ施策セントス

0805

レファレンスコード
C12120319500
機密戦争日誌
昭和十六年十二月六日より

一　第二十五軍の大輸送船団は既に「サイゴン」沖に在り

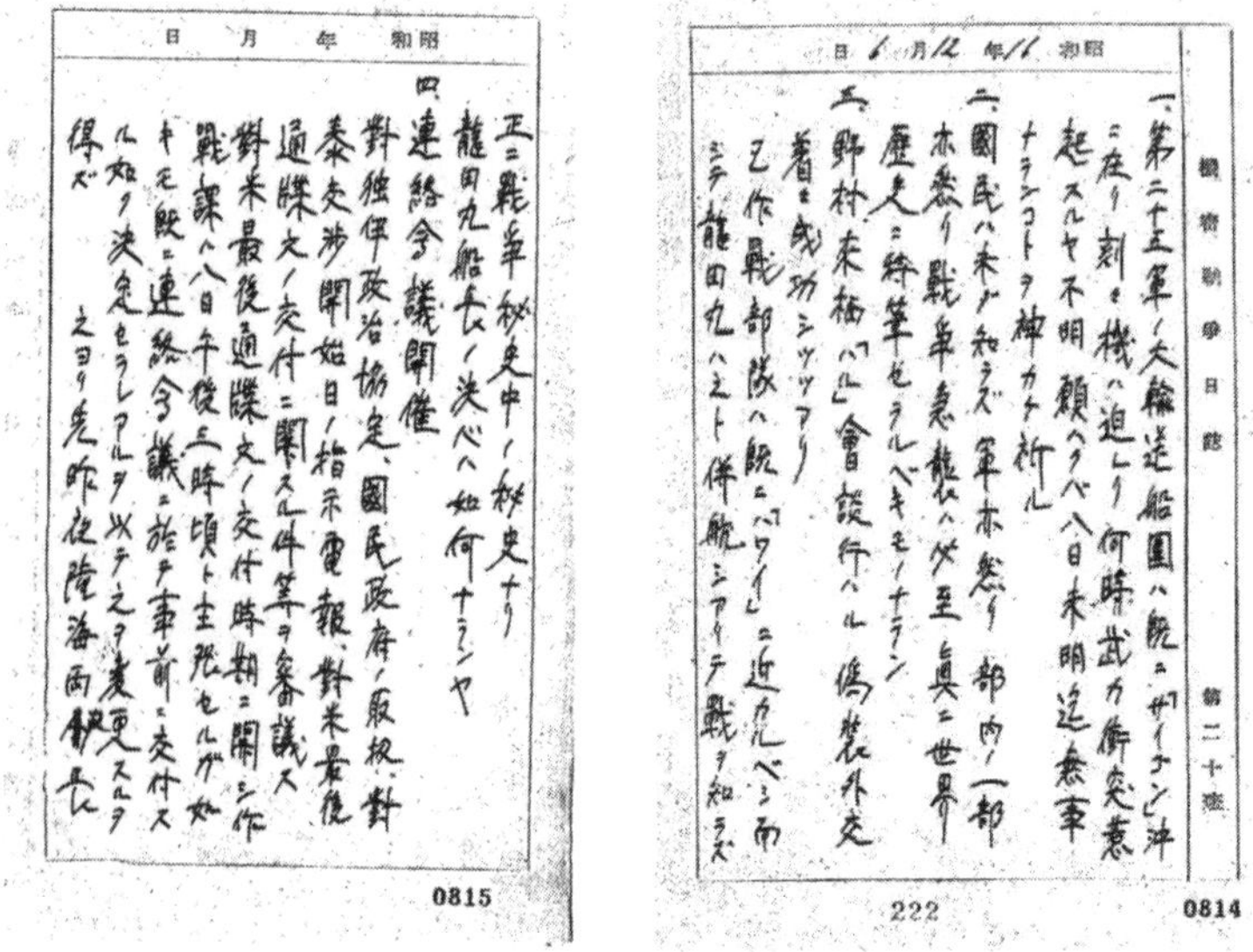
機密戦争日誌　第二十冊

昭和16年12月6日

一、第二十五軍ノ大輸送船団ハ既ニ「サイゴン」沖ニ在リ刻々機ハ迫レリ何時武力衝突惹起スルヤ不明　願ハクバ八日未明迄無事ナランコトヲ神カケ祈ル

二、国民ハ未ダ知ラズ　軍亦然リ　部内ノ一部亦然リ　戦争急襲ハ必至　真ニ世界歴史ニ特筆セラルベキモノナラン

三、野村来栖「ハル」会談行ハル　偽装外交着々成功シツツアリ
Z作戦部隊ハ既ニ「ハワイ」ニ近カルベシ　而シテ龍田丸ハ之ト併航シアリテ戦ヲ知ラズ

222　0814

昭和　年　月　日

正ニ戦争秘史中ノ秘史ナリ
龍田丸船長ノ決心ハ如何ナランヤ

四、連絡会議開催
対独伊政治協定、国民政府ノ服従、対泰交渉開始日ノ指示電報、対米最後通牒文ノ交付ニ関スル件等ヲ審議ス
対米最後通牒文ノ交付時期ニ関シ作戦課ハ八日午後三時頃ト主張セルガ如キモ既ニ連絡会議ニ於テ事前ニ交付スルコトニ決定セラレアルヲ以テ之ヲ変更スルヲ得ズ
之ヨリ先昨夜陸海両部長

0815

刻々機は迫れり、何時武力衝突惹起するや不明、願わくば八日未明まで無事ならんことを神かけ祈る。

二　国民は未だ知らず、軍また然り部内の一部また然り、戦争急襲は必至、真に世界歴史に特筆せらるべきものならん。

三　野村、来栖「ハル」会談行わる。偽装外交着々成功しつつあり。Z作戦部隊は既に「ハワイ」に近かるべし、而して龍田丸はこれと併航しありて戦を知らず、正に戦争秘史中の秘史なり、龍田丸船長の決心は如何ならんや。

四　連絡会議開催

対独伊政治協定国民政府の取り扱い、対泰交渉開始日の指示電報、対米最後通牒文の交付に関する件等を審議す。対米最後通牒文の交付時期に関し作戦課は八日午後三時頃と主張せるが如きも既に連絡会議に於いて事前に交付する如く決定をせられあるを以て之を変更するを得ず。之より先昨夜陸海両……

注：龍田丸とは太平洋航路の客船で、日米関係が逼迫していた当時、日米双方の引き揚げ者を交換するために出港していた。引き揚げ船が相手国へ向かうと言うことはまだ開戦の意図はないという意思表示でもあった。しかしこのときの航海は南雲機動部隊による十二月八日の真珠湾攻撃をカムフラージュするための航海であった。

上に紹介した陸軍参謀本部が書き残した「機密戦争日誌」を以下に纏める。

十一月一日の政府連絡会議により対米開戦が決定された。その時期は十二月初頭とされた。そして、以後の対米外交は、表向きは「戦争回避のための平和希求外交」とするが、その実態は「開戦準備が整うまでの時間稼ぎを目的とする偽装外交である」とされ、もしもその偽装外交中に米側が日本側の要求に屈して十二月一日午前零時までに妥結したなら、開戦は中止とするという但し書きがついた。

著者注：この但し書きであるが、当時の日米双方の要求の乖離を見る限り、妥結など不可能である。妥結とは米国が日本側の要求に完全に屈することを意味するわけであるが、それは米国が蒋介石を見殺しにすることを意味しており、現実にはあり得ない事象であった。そう考えるなら、この「十二月一日午前零時迄に交渉妥結するなら開戦を中止する」という但し書きなど元より実現不可能であり、絵に描いた餅以外の何物でもなかった。もしかしたなら、この但し書きすら「偽装外交」だったのではないかという疑念を著者は抱くのである。

十一月二十七日に日米交渉は決裂したが、決裂の原因は〝ハルノート〟であった。あまりにも強硬な要求が米国から発出されたため決裂という結果になったが、日本側にとってこれは歓迎すべきであり「目出度し、目出度し」と陸軍参謀本部は歓喜していた。

これで国民は一致団結して米英戦に突入することができると判断されるからである。開戦の二日前、十二月六日には前線の状況報告をしている。マレー上陸部隊はベトナムのサイゴン沖合をマレー半島に向け航行中であり、ハワイ奇襲部隊もハワイ島へ接近しつつあると述べ、南雲機動部隊と併航して龍田丸を日米交換船としてサンフラシスコ港へ向かわせているが、この交換船派遣は現時点では日本側に開戦意思がないことを示す偽装であると上記戦争日誌では白状している。

偽装外交という名の猿芝居

前述した通り、〝機密戦争日誌〟は過去にも取り上げられ議論されてきた。しかし、過去の論人たちは重要な点を見逃がしている。それは昭和十六年十月三十一日付の日誌において初めて記された「以後の対米外交は偽装外交とする」という「偽装外交」という言葉の重要性である。

「偽装外交」の意味するところは「外務省は恰も日米開戦の忌避を希求しているが如き芝居を打て」ということであり、この方針が天皇が御出席された十一月五日開催の御前会議においても確認されたということは、外務省が望むか望まぬかに関わらず、「猿芝居」を演じるべしという天皇からのご命令なのである。

戦後のわが国の論壇では、開戦直前における東郷外務大臣の対米戦回避指示発言や、野村大使が個人的に発出した野村私案をとらえて、軍部は好戦派であったが、外務省は反戦派であったと決めつけているが、外務省の反戦的姿勢は米国側を欺くための猿芝居の結果であって、決して本心から反戦を装っていたわけではない。当時における陸軍と外務省の力関係から言っても、軍部が〝偽装外交〟を頑迷に主張している限り、外務省はそれに従うほかないと考えるのが自然である。もし、外務省が真剣に交渉妥結を望んでいたなら、対米交渉「乙案」などという米国を舐めきった、まるで顔を逆なでするような交渉案を提出するはずはない。これについては後述する。

日本側の開戦願望とそれを具体化するための偽装外交から見えてくる風景を以下に示す。

ワシントンで野村・来栖両大使は偽装外交という猿芝居をハルに対して演じ続けていた。東京の東郷外務大臣から届く電信は交渉を急ぎ纏めて開戦を回避するよう督促するものばかりであったが、これらの暗号電文も米国側に解読されることを前提とした「偽装電文」であったと考えるべきである。

ハルの目論見は米軍が戦争への準備を整えるための時間を稼ぐことであった。米軍は第一次大戦以来の二十三年間大きな戦を経験していなかった。それゆえ軍の体制は弛緩しており、体勢を立て直すには時間を必要としていたのである。しかし、米軍の臨戦態勢が整えば、その巨大な経済力を基盤とした軍事力と人口で、大日本帝国など意図も簡単に捻り潰せるとハルは見込んでいたのである。

日本に対して石油の全面禁輸を課しているので、開戦が伸びれば伸びるほど日本軍の備蓄石油は訓練に消耗され、戦闘用の石油燃料は枯渇していくと踏んでいた。〝ハルノート〟の発出はそのような状況下で行われた。

一方日本側は、対米戦のための軍備を準備する期間など数週間で事足りた。なぜなら、当時の日本軍はすでに支那事変勃発により四年以上にわたって実戦態勢にあり、主敵を重慶蔣介石軍から米軍へ切り替えることは難しいことではなかったからである。

日本側は、米国が拒否してくることは見込んで日本側の要求をすべて盛り込んだ対米交渉甲案を示した。当然、米国は拒否してくるから、第二段階として乙案を用意していた。しかし、この乙案が曲者であった。ハルにすれば、甲案で妥結は無理と悟った日本は、乙案で大幅に妥協して満洲以外の支那・仏印からの全面撤退を決断してくると見込んでいたら、なんと乙案は南部仏印に進駐する日本軍を北部仏印に移動させる代わりに米国は石油禁輸などの経済封鎖を全面的に解除し、援蔣行為を停止し、さらにその上、米国は日本が蘭印から石油を入手することに援助を与え、西太平洋地域の米国の軍事力増強を停止せよというふざけた内容だったのだ。さすがにこれは虫がよすぎる要求だったが、その目的はハルの顔を逆なでして怒らせ、米国側から最後通牒を出させることであった。

実は乙案提示の前に、野村大使はハルを安心させるために小ネタを使っている。乙案の中で要求している米国による援蔣行為の中止部分を削り、日本軍が南部仏印から撤退することを条件とした「野村私案」をハルに提示していたのである。この野村私案に対してハルは、時間稼ぎくらいには使えるかと気を良くしており、とりあえずは交渉延長で手を打とうと周辺には語っていたそうである。しかしその後、野村は私案を取り下げ、日本政府の公式妥協案としての乙案を提示した。まるで一旦喜ばせておいてから地獄へ突き落とす漫才ネタのような対応である。銀行融資に例えるなら、一旦融資して顧客を喜ばしておきながら、あとで貸し剥がしを決行するようなものである。この掌返しにハルの怒髪は天を衝《つ》いた。そのときである、何者かがハルの耳元で囁いた。

「白人が強い態度に出ればアジア人は逃げていきますよ。アヘン戦争の時の支那人のように」。

ハルは思い立った。

「日本人も支那人と同じアジア人であるからして、強硬なる要求を突きつければ腰を折り、許しを請うてくるだろう。少なくとも日本側は狼狽え、検討に時間を費やし、戦争準備のための時間稼ぎをすることもできる」。

そこでハルは、目一杯の米国側要求を盛り込んだハルノートを試しに発出した。

残念ながら、ハルの企みはすでに破綻していた。〝ハルノート〟は時間稼ぎの役には立たなかったからだ。〝ハルノート〟を提起した十一月二十七日（日本時間）の一日前の二十六日、択捉島単冠湾に終結していた六隻の正規空母（三百五十機搭載）を中心とする空母機動部隊は、ハワイ奇襲攻撃のために出港していたからである。すでに戦争は始まっていたのである。

戦争が始まっているのに、開戦までの時間稼ぎをしようと考えていたコーデル・ハルという人物は不思議な脳の持ち主である。

強硬なる〝ハルノート〟発出が日本側を怯ませたかというと、結果は正反対であった。

ハルノートを突きつけられた大本営陸軍部参謀本部と外務省は、恐怖するどころか、歓喜していた。

「これで開戦できる、目出度し目出度し。打電せよ『ニイタカヤマノボレ（真珠湾攻撃せよとの暗号）』」、「『日の出は山形とす（マレー・フィリピン攻略部隊は予定通り上陸作戦を敢行せよ）との暗号』」。

これは著者の憶測であるが、ハルの耳元で囁いたのは〝ハリーホワイト〟なるソ連の間者ではない、日本側の交渉を担当していた野村・来栖の両大使か、その息のかかった者である。

野村と来栖は十一月十七日には米国務省内で対日強硬策（後の〝ハルノート〟）が立案されていたことを察知していて、なんとしてもその強硬策を提示させるために工作したのではないかと著者は勘ぐっている。

「米国が強硬策を提示してくれれば、それを以て本国を説得できるのですが」と誑かし、発出された瞬間、「これは宣戦布告そのものではないか。これではわが方は先制攻撃するしか残された道はない」とばかりにハワイとフィリピン、英領マレーへ襲いかかったのである。

ハルの目論見はすべて裏目に出てしまった。ハルを怒らせて〝ハルノート〟を発出せしめた偽装外交の勝利であった。この結果を考察するならば、東郷外務大臣による開戦を回避せよとの電信も野村私案もハルを油断させ、あとで怒らせるための猿芝居だったということになる。

東郷も野村も来栖も、天皇に仕える忠臣であれば御前会議の決定事項に逆らって〝偽装外交〟を放棄することなどありえない。この「偽装外交」は戦後になっても人々を騙し続けた。なぜなら、戦後の論壇も旧外務省は反戦派だったに違いないなどと騙されているからだ。

策士策に溺れると言うが、ハルにとっては後の祭りであった。

ハルが、真珠湾が壊滅したとの報をワシントンで受け取った直後、野村と来栖が訪ねてきて、申し訳なさそうに書類を差し出した。最後通牒だった。野村の顔には「ご愁傷様」と書いてあり、来栖の顔には不適な冷笑が漂っていた。

発出経過はなぜ捻じ曲げられたのか

米国白人にとって、有色人種に誑かされて開戦という罠に嵌められた、しかもその罠は世界の有色人種を白人による人種差別、奴隷化、搾取、虐待虐殺から救うための罠であったということになると、国内の被差別有色人種に示しがつかなくなり、しいては黒人解放運動の加速化を招くことになる。また、米国は民主主義の国であり、多数派である白人が主導権を持つゆえ、有色人種に騙され無謀な戦争に突入した無様な白人政党が選挙で勝つことは難しい。それゆえ有色人種に負けた戦争も勝ったことにし、有色人種に騙されたことも白人が有色人種を騙してやった形にしなくてはならなかった。

核兵器の使用によって「棚ぼた反則勝ち」という勝利を手に入れた米国民主党は、ただちに歴史の改竄に取りかかった。それが東京裁判であり、ウォー・ギルド・インフォメーション・プログラム（WGIP）である。

偽装外交を真摯な平和外交であったことに塗り替え、外務省は戦争反対であったことにした。また〝ハルノート〟は日本を戦争へと追い込むための方便に過ぎなかったことにして、そのように報道するよう占領下にあった日本のマスコミを誘導した。日本のマスコミも戦犯にしょっ引かれたくないから素直にそれに従った。

米国白人が東京裁判で塗り替えた事項は、解放国日本を侵略国と塗り替えただけではない。日本海軍出撃後の開戦までの時間稼ぎのための〝ハルノート〟発出という恥部を隠蔽し、日本を戦争に引きずり込むために仕掛けた罠であったと詭弁したのである。

連合艦隊が出撃したあとに罠を仕掛けても意味はないと思うのだが、出撃した後であると知っていれば、罠など仕掛けないほうが良い。日本を開戦に追い込むための罠を態々仕掛けたということは、ハルもルーズベルトも連合艦隊の出撃を知らなかったという証明となる。暗号など解読していなかったということである。解読していたなら、わざわざ罠を仕掛けるはずはないからである。

以上のような操作を戦後に行い〝ハルノート発出〟の迂闊さを取り繕ったのである。アメリカ白人の歴史とは嘘・捏っち上げ・隠蔽・歪曲による自己正当化である。それは今でも変わらない。

次に日本側が〝ハルノート〟を発出に至らせた明治維新以来の経緯についてまとめてみる。次のようになる。

一）大日本帝国は明治維新におけるその発足以来、アジアにおける白人植民地の解放を切望しており、東亜解放戦争を開始する口実を探していた。

二）米英が支援して発生した支那事変はアジア解放を企む日本軍にもってこいの口実を与えた。蔣介石軍への軍事援助はインドシナ半島とビルマを経由して行われていたから、この支援ルートを遮断するためには両地域を日本軍が占領する必要があった。その事実は紛れもなくアジア地域の解放独立を意味していたのである。

三）帝国陸軍は支那事変への深入り拡大を謀りながら、対米英仏蘭戦開始のチャンスを狙っていた。しかし、フランスビシー政府の了解のもと実施したインドシナ駐留に米国ルーズベルト政権が難癖をつけてきた。援蔣ルートを遮断されると、蔣介石とつるんで排日を企んでいるルーズベルト政権は窮地に立たされるからである。ルーズベルトの狙いは蔣介石を支那事変の正面に立たせて日本を支那、満洲から追い出し、日本側が有していた支那権益をそっくりそのまま横取りすることであった。

日米交渉は昭和十六年四月から始まったが、もともと日本側が妥協できる米側提案ではないため、日本側は十一月一日に開戦準備に入ることを決定し、開戦日を十二月初旬と定めた。

外交交渉は継続するが、その交渉は開戦準備を整えるための時間稼ぎと開戦名目を得るための「偽装外交」であると定めたのだ。

四）米国務長官のコーデル・ハルは日本側の野村吉三郎・来栖三郎の両大使に「米側要求を全ててんこ盛りした交渉の叩き台となるべき文書を非公式なただのメモ書きでも良いから、示してくれ」と頼まれ、迂闊にも後にハルノートと呼ばれる「ハル十ヶ条」を大統領に詳細を見せることなく、議会指導者と協議することもなく、「外交文書ではなく非公式な提案である」との但し書きを付して、昭和十六年十一月二十七日（日本時間）に日本大使に渡してしまった。ハルの意図は交渉を四月の段階まで先戻りさせて、再交渉を始め、米軍が開戦準備を整えるための時間稼ぎであったが、ハルによる時間稼ぎ陰謀は遅すぎた。ハルノート発出の前日、択捉島単冠湾に集結していた第一航空艦隊（南雲機動部隊、正規空母六隻）は準備を整え、ハワイ真珠湾へ向け進発した後であったからだ。すでに日米戦は始まっていたということである。

五）ハルノートを受け取った野村来栖の両大使はただちに東京へ報告した。日本政府はハルノートを「明白なる宣戦布告書である」と捏っち上げ、対米英開戦のための口実として採用した。戦争機密日誌で参謀本部はこの時「目出度し、目出度し、偽装外交は着々と成功せり」と記している。

六）ハルノートという戦争口実の獲得を果たした日本側は、以後、対米交渉を事実上終了させるが、さらに偽装のダメ押しとするため、ルーズベルト大統領から天皇へ戦争回避のための親電の発信を要請した。

七）左記に示す親電は発信されたが、この外交電信はなぜか東京電信局で十時間留め置かれ、天皇に届けられたのは真珠湾攻撃の三十分前、コタバル上陸から三十分後であった。手遅れだったということだ。

参考までにルーズベルト親電を紹介しておく。

ルーズベルト親電とは日米開戦直前に昭和天皇に宛てた親電で、日本に和平を呼びかける一方、日本軍の仏印からの全面撤退を要求する内容であった。日本時間十二月七日正午、東京電報局に到着。グルー駐日米大使に配達されたのは十時間以上遅れの同日午後十時半だった。親電は八日午前零時半にグルー大使から東郷茂徳外相に手渡され、東條英機首相が真珠湾奇襲の三十分前の同二時半に昭和天皇に親電全文を読み上げた。

ルーズベルト大統領の昭和天皇宛親電
アメリカ合衆国大統領フランクリン・D・ルーズベルト
訳：日本国外務省
一九四一年十二月六日作成

日本国　天皇陛下

約一世紀前米国大統領ハ日本国　天皇ニ対シ書ヲ致シ米国民ノ日本国々民ニ対スル友交ヲ申出タル処右ハ受諾セラレ爾来不断ノ平和ト友好ノ長期間ニ亘リ両国民ハ其ノ徳ト指導者ノ叡智ニヨリテ繁栄シ人類ニ対シ偉大ナル貢献ヲ為セリ

陛下ニ対シ余カ国務ニ関シ親書ヲ呈スルハ両国ニ取リ特ニ重大ナル場合ニ於テノミナルカ現ニ醸成セラレツツアル深刻且広汎ナル非常事態ニ鑑ミ茲ニ一書ヲ呈スヘキモノト感スル次第ナリ

日米両国民及全人類ヲシテ両国間ノ長年ニ亘ル平和ノ福祉ヲ喪失セシメントスルカ如キ事態カ現ニ太平洋地域ニ発生シツツアリ右情勢ハ悲劇ヲ孕ムモノナリ米

国民ハ平和ト諸国家ノ共存ノ権利トヲ信シ過去数ヶ月ニ亘ル日米交渉ヲ熱心ニ注視シ来レリ吾人ハ支那事変ノ終息ヲ祈念シ諸国民ニ於テ侵略ノ恐怖ナクシテ共存シ得ルカ如キ太平洋平和カ実現セラレンコトヲ希望シ且堪へ難キ軍備ノ負担ヲ除去シ又各国民カ如何ナル国家ヲモ排撃シ若クハ之ニ特恵ヲ与フルカ如キ差別ヲ設ケサル通商ヲ復活センコトヲ念願セリ右大目的ヲ達成セシカ為ニハ　陛下ニ於カレテモ余ト同シク日米両国ハ如何ナル形式ノ軍事的脅威ヲモ除去スルコトニ同意スヘキコト明瞭ナリト信ス

約一年前　陛下ノ政府ハ「ヴイシー」政府ト協定ヲ締結シ之ニ基キ北部仏領印度支那ニ同地北方ニ於テ支那軍ニ対シ行動シ居リタメ日本軍保護ノ為ニ五、六千ノ軍隊ヲ進駐セシメタリ、而シテ本年春及夏「ヴイシー」政府ハ仏領印度支那共同防衛ノ為メ更ニ日本部隊ノ南部仏印進駐ヲ許容セリ

余ハ仏領印度支那ニ対シ何等ノ攻撃行ハレタルコトナク又攻撃ヲ企図セラレタルコトナシト言明シテ差支ナシト思考ス

最近数週間日本陸海空軍部隊ハ夥シク南部仏領印度支那ニ増強セラレタルコト明白トナリタル為メ他国ニ対シ印度支那ニ於ケル集結ノ継続カ其ノ性質上防御的

ニ非ストノ尤モナル疑惑ヲ生セシムルニ至レリ
　右印度支那ニ於ケル集結ハ極メテ大規模ニ行ハレ又右ハ今ヤ同半島ノ南東及南西端ニ達シタルヲ以テ比島、東印度数百ノ島嶼、馬来及泰国ノ住民ハ日本軍カ之等地方ノ何レカニ対シ攻撃ヲ準備乃至企図シ居ルニ非スヤト猜疑シツツアルハ蓋シ当然ナリ之等住民ノ総テカ抱懐スル恐怖ハ其ノ平和及国民的存立ニ関スルモノナルカ故ニ斯ル恐怖ハ当然ナルコトハ　陛下ニ於カレテモ御諒解アラセラルル所ナリト信ス余ハ攻撃措置ヲ執リ得ル程度ニ人員ト装備トヲ為セル陸、海及空軍基地ニ対シ米国民ノ多クカ何故ニ猜疑ノ眼ヲ向クルカヲ　陛下ニ於カセラレテハ御諒解相成ルヘシト思惟ス
　斯ル事態ノ継続ハ到底考ヘ及ハサル所ナルコト明カナリ余カ前述シタル諸国民ハ何レモ無限ニ若クハ恒久ニ「ダイナマイト」樽ノ上ニ座シ得ルモノニ非ス
　若シ日本兵カ全面的ニ仏領印度支那ヨリ撤去スルニ於テハ合衆国ハ同地ニ侵入スルノ意図毫モナシ
　余ハ東印度政府、馬来諸政府及泰国政府ヨリ同様ノ保障ヲ求メ得ルモノト思考シ且支那政府ニ対シテスラ同様保障ヲ求ムル用意アリ斯クシテ日本軍ノ仏印ヨリノ

撤去ハ全南太平洋地域ニ於ケル平和ノ保障ヲ招来スヘシ
余カ　陛下ニ書ヲ致スハ此ノ危局ニ際シ　陛下ニ於カレテモ余ト同様暗雲ヲ一掃スルノ方法ニ関シ考慮セラレンコトヲ希望スルカ為ナリ、余ハ　陛下ト共ニ日米両国民ノミナラス隣接諸国ノ住民ノ為メ両国民間ノ伝統的友誼ヲ恢復シ世界ニ於ケル此ノ上ノ死滅ト破壊トヲ防止スルノ神聖ナル責務ヲ有スルコトヲ確信スルモノナリ

千九百四十一年十二月六日

ワシントンニ於テ
フランクリン・デイ・ルーズヴエルト

当時の日本軍と政府は蔣介石による日本人虐殺（通州虐殺、上海日本租界無差別爆撃）を擁護して援蔣行為を止めない米英白人に対して憎しみに近い感情を抱いていた。

また、日本軍は米英両国と対等な軍事力を持つ以上、軍事的に始末をつけたいと考え

るのは当然である。当時、戦争によって外交問題に決着をつけるという手法はごく当たり前のことであり、外交手法としての戦争は奇異なる手法ではなかった。今でも日本を除く各国では軍事力の行使は貴重な外交手段である。

有色人種たる日本人が米英白人に反感を抱くと同時に、米国白人は有色人種である日本人を蔑み奴隷を相手にするが如くに傲岸不遜に振る舞っていた。その傲岸不遜に日本側の偽装外交がつけ込んだ。ワシントンで野村・来栖両大使が謙虚にへりくだればへりくだるほど、アングロサクソンは高飛車に出てくる。それが宗主国であり奴隷主である彼らの宿痾なのである。

その宿痾が命取りとなった。

以上、ハルノートは日本側のヤラセであった可能性について論じてきた。

次章では、ハル国務長官がハルノート発出を自らはどのように考えていたかについて検証してみる。

第四章

ハル回顧録の虚偽

ハル回顧録の嘘を暴く

最初にハルノートが白人帝国主義国家に与えた悲惨な結果について論じる。

ハルノートの発出は日本側に対米英開戦の口実を与えたのみであり、この開戦が米国を中心とする白人連合国にもたらした損害は次の通り。

・米国領フィリピン植民地の喪失
・大英帝国の崩壊（インド、ミャンマー、マレーシア、シンガポール、ブルネイ、パキスタンなど、アジア、アフリカ、南アメリカ地域におけるほとんどの英国植民地の独立）
・仏領インドシナ植民地（ベトナム、ラオス、カンボジア）の喪失
・蘭領東インド（インドネシア）の喪失
・欧米植民地主義の崩壊とＥＵの結成
・白人優越主義の崩壊
・人種平等の実現
・欧米植民地の独立による独立国の増加と国連の拡充

・米国内における黒人解放と黒人大統領の誕生
・核兵器使用という歴史的汚点
・日本軍の支那大陸からの急激な撤退による軍事空白の発生と国共内戦の再発
・支那大陸の共産化と蔣介石の台湾逃亡、朝鮮戦争とベトナム戦争の勃発
・共産化による欧米支那利権の完全喪失
・東京裁判捏造という歴史犯罪

以上の結果を白人世界にもたらしたのがコーデル・ハルという人物であった。人種の中で最も優秀であり、それ故に有色人種を虐殺し、植民地奴隷に繋ぐ権利を神に付託されていることに確信を持ち、数百年にわたってその付託に応えてきた白人が、東アジアに存するいち有色人種国家に嵌められて、前述した大なる白人国家としての損失を被ったなどという話は伏せて置かなくてはならないし、必要とあらば「騙されたのは日本側であった」と他の理由を捏造し取り繕わなくてはならなかった。そのため、ハルはハルノート発出が自らの落ち度であったことを隠蔽しただけでなく、白色人種の尊厳を守るため次のように偽装した。

Memorial of Cordell Hull
（写真は Chosei Funahara 氏提供）

『ハル回顧録』

「米国は大日本帝国を開戦へと追いやるために敢えて日本側が受け入れ困難な要求を叩きつけた。その結果、日本は開戦へ突入するしか残された道はなくなった」。

ここまでの結論は、あくまでも著者が日本側の立場である「戦勝解放論」からの見方であり、場合によっては一方的なこじつけにすぎないという批判を受けかねない。そこで著者は、米国側の文献を精査し、ハルの言動に捏造、言い訳、誤解などがないかを調査した。調査対象としたのは写真に示す『ハル回顧録』（中央公論）とその原本である。

この文献を一読して、著者が違和感を覚えるハルへの疑問は次の通りである。

疑問１　暗号解読自慢

ハルが言うには、東京からワシントンへ送られてくるすべての日本側の外交電信を米国側は暗号解読していたとして、まるで日本人はバカであるかの如く虚仮《こけ》にしている。

疑問２　日本側は戦争末期になってから開戦原因はハルノートであると言い始めた

昭和十九年（一九四四）日本軍の負けが込んできてから、日本側はハルノートを宣戦布告文だと言い出し、まるで開戦責任は米国とハル自身にあるかのように偽装したとして日本側を批難している。

疑問３　大東亜戦争の戦況に関する記述を回避

回顧録でハルは大東亜戦域の戦況に関わる記述を割愛し、あたかも触れたくないようでもある。米国最大の植民地であったフィリピン失陥に関する記述も見受けられない。これは異常である。

次に、前記した三点について検証する。

日本側も米外交暗号を解読し、米政府内にスパイを確保していた

回顧録内でハルは、米国側の暗号解読技術により日本側の外交電信がすべて解読されており、野村・来栖の両大使が会談で何を要求してくるかについて予め知っていた。それゆえ、本人たちに「知らない振りして応対することが辛かった」と述べている。あたかも自分たち白人は有色人種が作った暗号などいとも簡単に解読できるという能力を自慢し、有色人種である日本人は暗号が解読されていることに気づかないほど間抜けであったと言わんばかりである。

これを、知らぬが仏というのであろうか。実は、ハルと東京のグルーアメリカ大使との暗号電信を日本側は完璧に解読していた。その証拠文献を八巻康成氏が発掘してきたので紹介する。

写真は日本側が米国側の暗号電文を解読していた証拠文献である。文献番号141が解読された英文原本、和文が邦訳である。誌面の都合で、英文、邦訳とも表だけを掲載する。

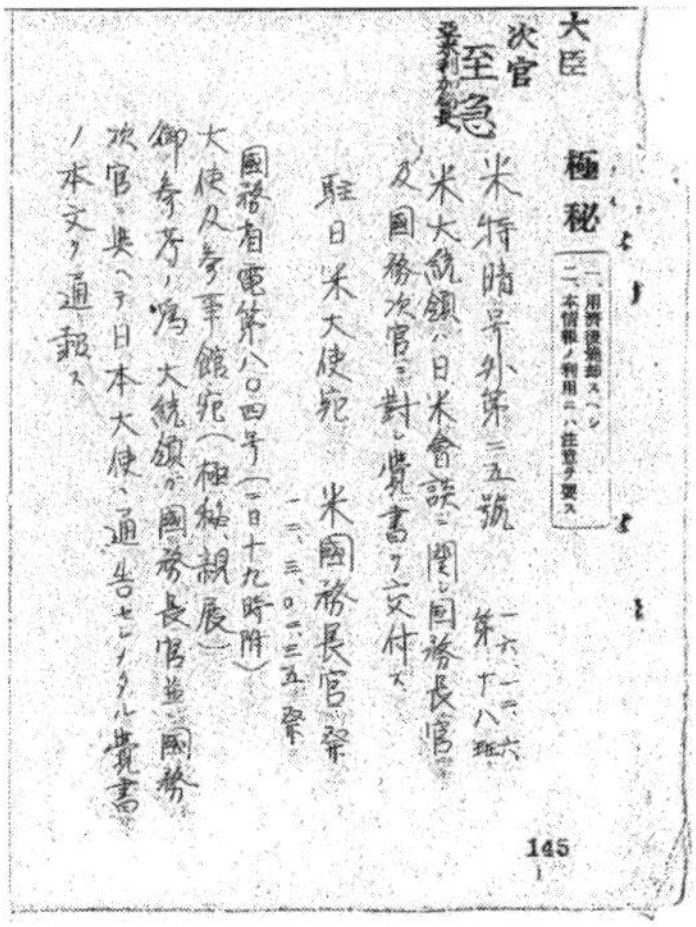
大臣
次官
至急
米特情号外第三五號
極秘
一、用済後焼却スヘシ
二、本情報ノ利用ニハ注意ヲ要ス
米大統領ハ日米會談ニ関シ国務長官及国務次官ニ對シ覚書ヲ交付ス
駐日米大使宛　米国務長官発
一二、三、〇二三五発
国務省電第八〇四号（二日十九時附）
大使及参事館宛（極秘親展）
御参考ノ為大統領カ国務長官並ニ国務次官ニ與ヘテ日本大使ニ通告セシメタル覚書ノ本文ヲ通報ス
145

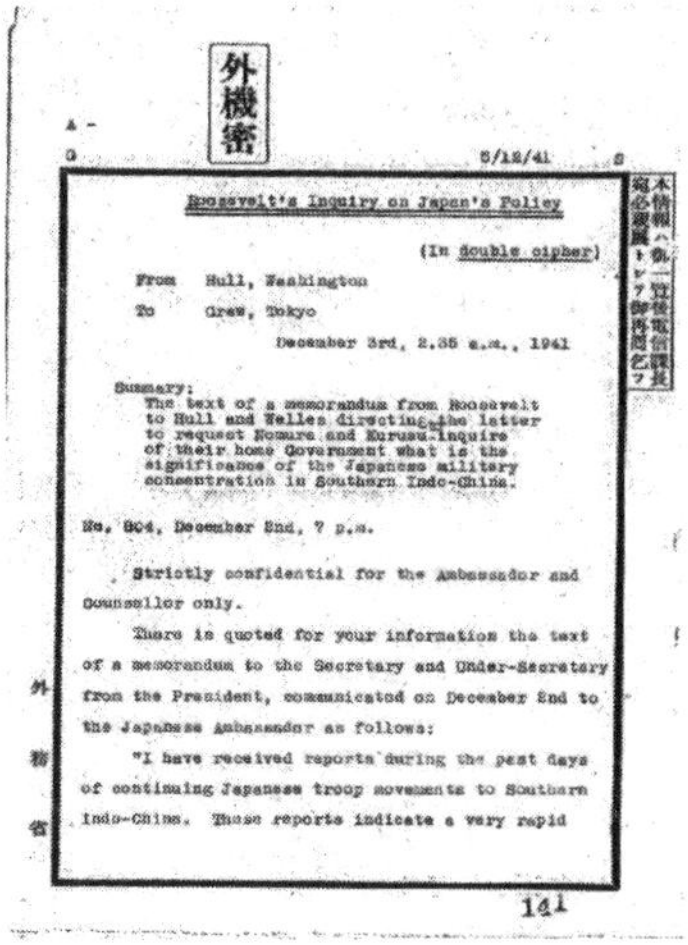
外機密

Roosevelt's Inquiry on Japan's Policy

(In double cipher)

From Hull, Washington
To Grew, Tokyo
December 3rd, 2.35 a.m., 1941

Summary:
The text of a memorandum from Roosevelt to Hull and Welles directing the latter to request Nomura and Kurusu inquire of their home Government what is the significance of the Japanese military concentration in Southern Indo-China.

No. 804, December 2nd, 7 p.m.

Strictly confidential for the Ambassador and Counsellor only.

There is quoted for your information the text of a memorandum to the Secretary and Under-Secretary from the President, communicated on December 2nd to the Japanese Ambassador as follows:

"I have received reports during the past days of continuing Japanese troop movements to Southern Indo-China. These reports indicate a very rapid

外務省

141

Strictly confidential for the Ambassador and Counsellor only.
There is quoted for your information the text of a memorandum to the secretary and under secretary from the president, comunicated on desember 2nd to the japanese ambassador as follows:-----

米国大統領は日米会談に関し国務長官及び国務次官に対し覚え書きを交付す。
駐日米大使宛　米国国務長官発
十二月三日二時三十五分発
国務省電第八〇四号（十二月二日十九時付）
大使及び参事官宛（極秘親展）
ご参考のために大統領の国務長官並び国務

次官に与へて日本大使に通告された覚書の本文を通報します。

上記日本側資料は、日本側もハル以上に米国の暗号電文を解読していたことを示している。

ハルは回顧録で、日本側の暗号をすべて解読していたことを自慢をしているが、彼は米側の「絶対極秘電文」まで日本側によって解読されていたことを知らなかった。だから、回顧録内で解読を自慢していたのである。知っていたら自慢などできるはずはないからである。少なくとも、回顧録が出版された一九四九年四月までハルは、日本側の米国暗号解読という事実を知らなかったはずである。ということは、米国側は戦時中どころか終戦後も自国の外交電文が解読されていたことを知らなかったということになる。なんともおめでたい人ではないか。

さらに、日本側は米政府内に内通者《スパイ》も確保してあった。これについても八巻康成氏がテキスト化してくれたので掲載しておく。

以下八巻談：

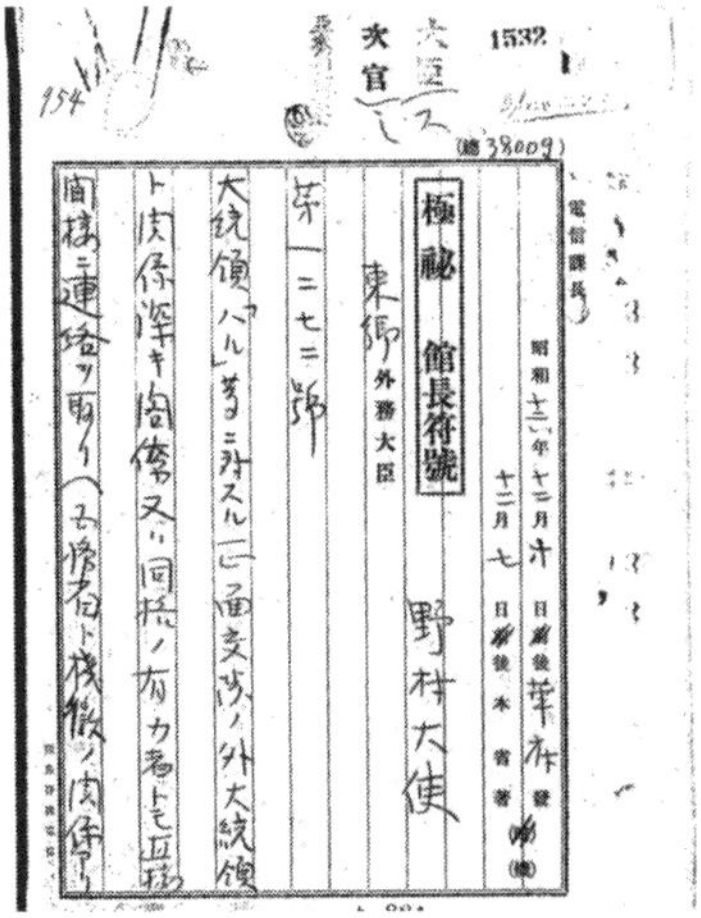
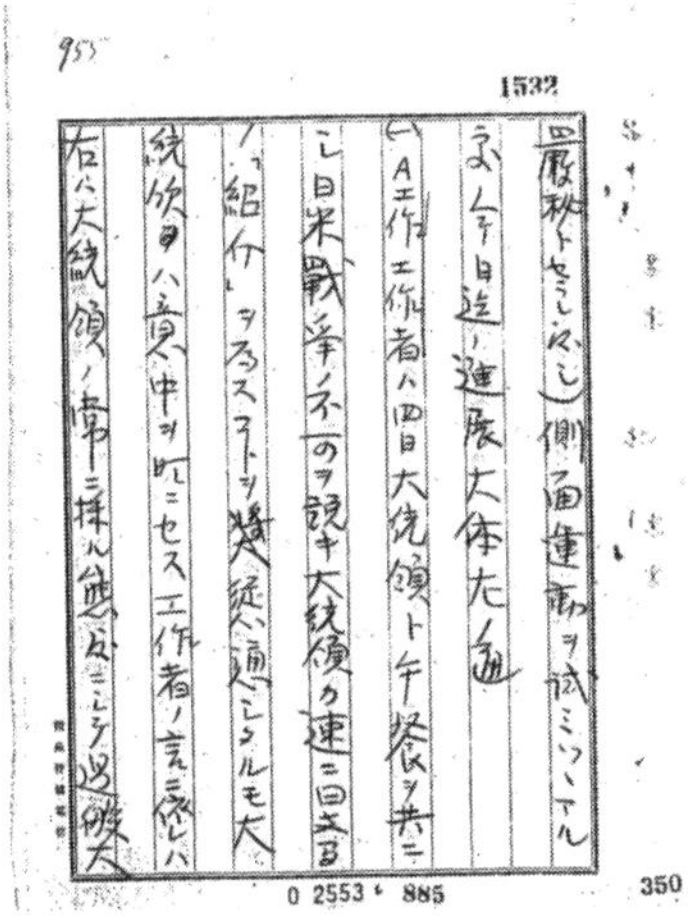

「開戦前、米政府要人の身近に日本の工作員がいました。

外務省外交史料館
レファレンスコード
B02030723900

昭和十六年十二月六日　華府（ワシントン）発
　　十二月七日
極秘　館長符号　野村大使
　　東郷外務大臣宛て
第一二七二号
大統領「ハル」等ニ対スル正面交渉ノ外大統領ト関係深キ閣僚又ハ同様ノ有力者トモ直接間接ニ連絡ヲ取リ（外務省ト機微ノ関係アリ厳秘トセラレタシ）側面運動ヲ試ミツツアル処今日迄ノ進展大体左ノ通

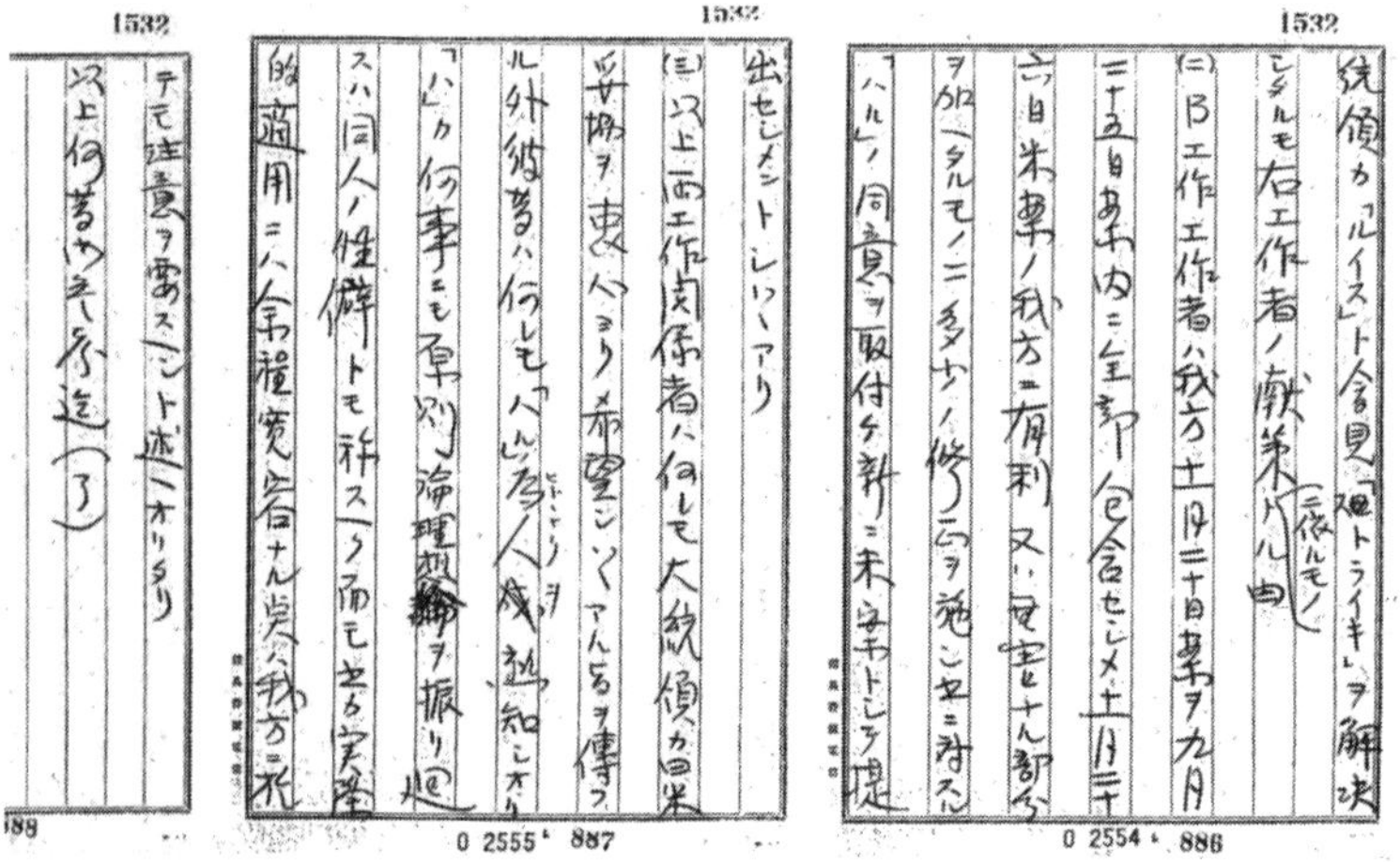

(一) A工作工作者ハ四月大統領ト午餐ヲ共ニシ日米戦争ノ不可ヲ説キ　大統領ガ速ニ○○○ノ「紹介」ヲ為スコトヲ慫慂《しょうよう》シタルモ大統領ハ意中ヲ明ニセズ　工作者ノ言ニ依レバ右ハ大統領ノ常ニ採ル態度ニテ過般大統領ガ「ルイス」ト会見「ストライキ」ヲ解決シタルモ右工作者ノ献策ニ依ルモノナル由

(二) B工作工作者ハ我方十一月二十日案ヲ九月二十五日案内ニ全部包含セシメ十一月二十六日米案ノ我方ニ有利又ハ無害ナル部分ヲ加ヘタルモノニ多少ノ修正ヲ施シ之ニ対スル「ハル」ノ同意ヲ取付ケ新ニ未案トシテ提出セシメツツアリ

(三) 以上両工作関係者ハ何レモ大統領ガ日米妥協ヲ衷心ヨリ希望シツツアルヲ伝フル外彼

等ハ何レモ「ハル」ノヒトトナリヲ熟知シオリ「ハ」ガ何事ニモ原理論、理想論ヲ振リ廻スハ同人ノ性癖トモ称スベク　而モ之ガ実際的適用ニハ余程寛容ナル点ハ我方ニ於テモ注意ヲ要スベシト述ベオリタリ

以上何等〇参考迄（了）」

注：文章内で〇で表記してある部分は判読不明文字である。

このように、ホワイトハウスにも国務省、議会にも日本側の内通者はいたということである。

古来から「忍者の国」である日本が、ホワイトハウスに忍者を仕込まずにいたなどという発想は、東大共産党員歴史閥と共産党擁護マスコミ、日教組特有のものである。

日米交渉における「甲案・乙案」に対する米国政府内の反応も日本側に捕まれていたし、ルーズベルト大統領から昭和超帝へ送られた御親電発出の経緯も把握されていた。

これについても八巻康成氏が「来栖大使報告書　昭和十七年六月五日稿」をテキストに書き起こしてくれたので紹介し、文書写真も掲示する。

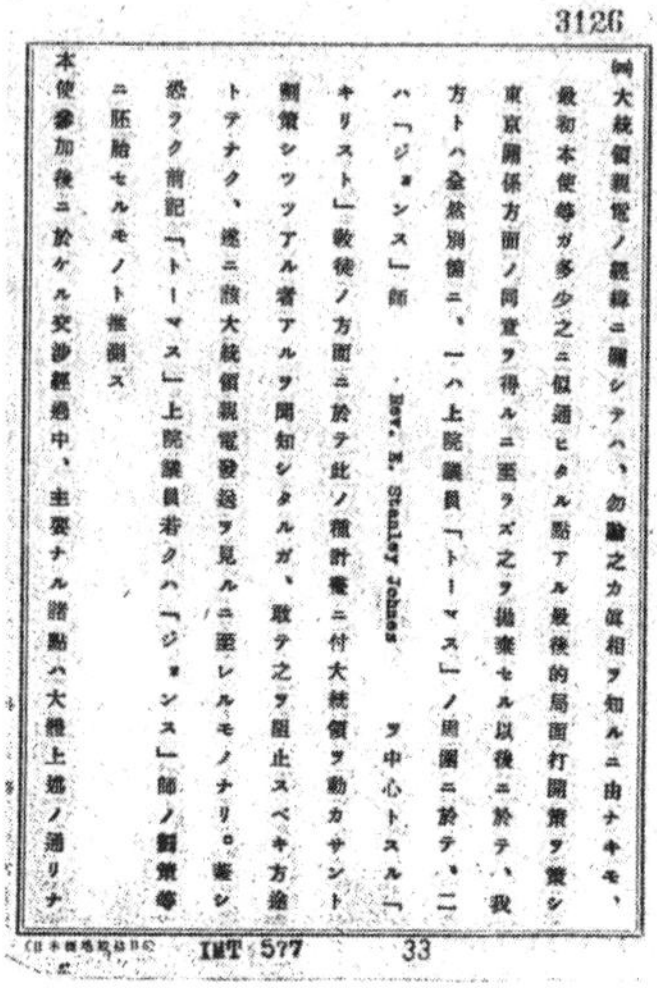
3126
(四)大統領親電ノ經緯ニ關シテハ、勿論之カ眞相ヲ知ルニ由ナキモ、
最初本使等ガ多少之ニ似通ヒタル點アル最後的局面打開策ヲ策シ
東京關係方面ノ同意ヲ得ルニ至ラズ之ヲ抛棄セル以後ニ於テ、我
方トハ全然別個ニ、一ハ上院議員「トーマス」ノ周圍ニ於テ、二
ハ「ジョンス」師 Rev. E. Stanley Johnes ヲ中心トスル「
キリスト」教徒ノ方面ニ於テ此ノ種計畫ニ付大統領ヲ動カサント
劃策シツツアル者アルヲ聞知シタルガ、敢テ之ヲ阻止スベキ方途
トテナク、遂ニ該大統領親電發送ヲ見ルニ至レルモノナリ。蓋シ
恐ラク前記「トーマス」上院議員若クハ「ジョンス」師ノ劃策等
ニ胚胎セルモノト推測ス
本使參加後ニ於ケル交渉經過中、主要ナル諸點ハ大體上述ノ通リナ
IMT 577　33

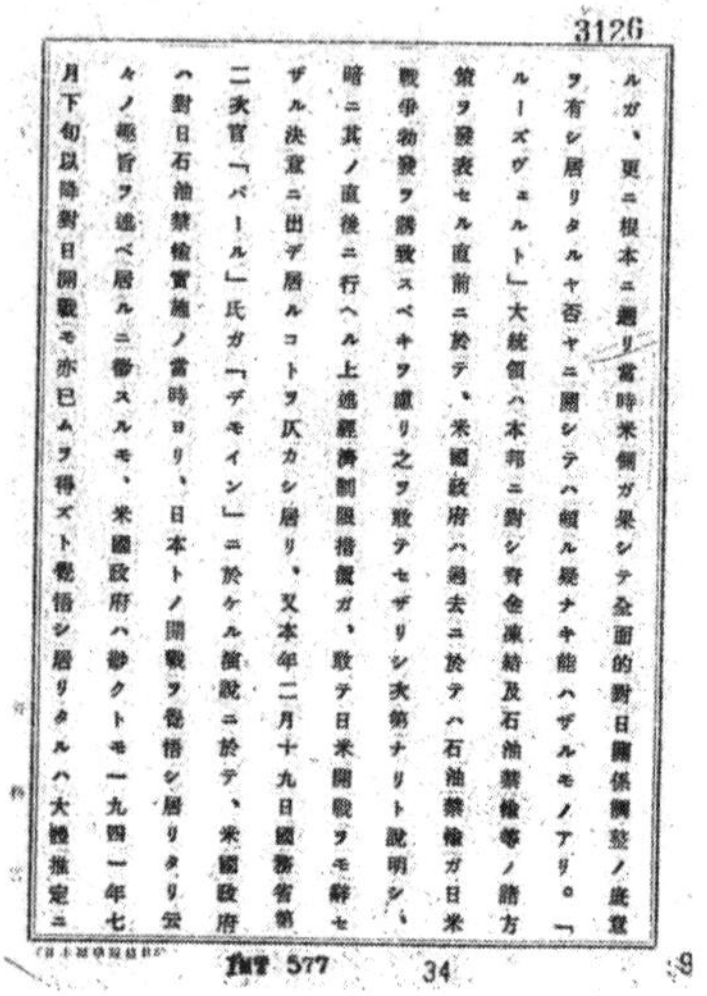
3126
ルガ、更ニ根本ニ遡リ當時米側ガ果シテ全面的對日關係調整ノ底意
ヲ有シ居リタルヤ否ヤニ關シテハ頗ル疑ナキ能ハザルモノアリ。「
ルーズヴェルト」大統領ハ本邦ニ對シ資金凍結及石油禁輸等ノ諸方
策ヲ發表セル直前ニ於テ、米國政府ハ過去ニ於テハ石油禁輸ガ日米
戰爭勃發ヲ誘致スベキヲ慮リ之ヲ敢テセザリシ次第ナリト説明シ、
暗ニ其ノ直後ニ行ヘル上述經濟制限措置ガ、敢テ日米開戰ヲモ辭セ
ザル決意ニ出デ居ルコトヲ仄カシ居リ、又本年二月十九日國務省第
二次官「バール」氏ガ「デモイン」ニ於ケル演説ニ於テ、米國政府
ハ對日石油禁輸實施ノ當時ヨリ、日本トノ開戰ヲ覺悟シ居リタリ云
々ノ趣旨ヲ述ベ居ルニ徴スルモ、米國政府ハ少クトモ一九四一年七
月下旬以降對日開戰モ亦已ムヲ得ズト覺悟シ居リタルハ大體推定ニ
IMT 577　34

大統領親電ノ経緯

「来栖大使報告書」昭和十七年六月五日稿／
7 来栖大使報告書 1

(四) 大統領親電ノ経緯ニ関シテハ、勿論之ガ真相ヲ知ルニヨシナキモ、最初本使等ガ多少之ニ似通ヒタル点アル最後的局面打開策ヲ策シ東京関係方面ノ同意ヲ得ルニ至ラズ之ヲ抛棄《ほうき》セル以後ニ於テ、我方トハ全然別個ニ、一ハ上院議員「トーマス」ノ周囲ニ於テ、二ハ「ジョンズ」師 Rev. E. Stanley Johnes ヲ中心トスル「キリスト」教徒ノ方面ニ於テ此ノ種計画ニ付大統領ヲ動カサント画策シツツアル者アルヲ関知シタ

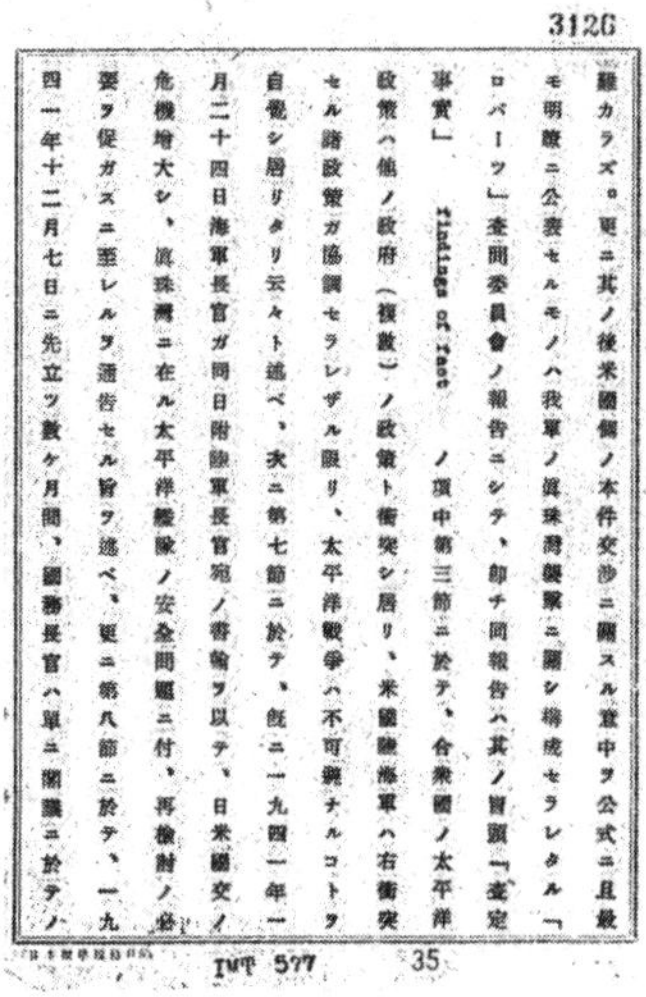
3126

難カラズ。更ニ其ノ後米國側ノ本件交渉ニ關スル意中ヲ公式ニ且最モ明瞭ニ公表セルモノハ我軍ノ眞珠灣襲撃ニ關シ構成セラレタル「ロバーツ」査問委員會ノ報告ニシテ、卽チ同報告ハ其ノ冒頭「査定事實」 findings of fact ノ項中第三節ニ於テ、合衆國ノ太平洋政策ハ他ノ政府（複數）ノ政策ト衝突シ居リ、米國陸海軍ハ右衝突セル諸政策ガ協調セラレザル限リ、太平洋戰爭ハ不可避ナルコトヲ自覺シ居リタリ云々ト述べ、次ニ第七節ニ於テ、既ニ一九四一年一月二十四日海軍長官ガ同日附陸軍長官宛ノ書翰ヲ以テ、日米國交ノ危機增大シ、眞珠灣ニ在ル太平洋艦隊ノ安全問題ニ付、再檢討ノ必要ヲ促ガスニ至レルヲ通告セル旨ヲ述べ、更ニ第八節ニ於テ、一九四一年十二月七日ニ先立ツ數ケ月間、國務長官ハ單ニ閣議ニ於テノ

IMT 577　35

ルガ、敢テ之ヲ阻止スベキ方途トテナク、遂ニ該大統領親電発送ヲ見ルニ至レルモノナリ。蓋シ恐ラク前記「トーマス」上院議員若クハ「ジョンズ」師ノ画策等ニ胚胎セルモノト推測ス

本使参加後ニ於ケル交渉経過中、主要ナル諸点ハ大体上述ノ通リナルガ、更ニ根本ニ遡リ当時米側ガ果シテ全面的対日関係調整ノ底意ヲ有シ居リタルヤ否ヤニ関シテハ頗ル疑ナキ能ハザルモノアリ。「ルーズベルト」大統領ハ本邦ニ対シ資金凍結及石油禁輸等ノ諸方策ヲ発表セル直前ニ於テ、米国政府ハ過去ニ於テハ石油禁輸ガ日米戦争勃発ヲ誘致スベキヲ慮《おもんぱか》リ之ヲ敢テセザリシ次第ナリト説明シ、暗ニ其ノ直後ニ行ヘル上述経済制裁措置ガ、敢テ日米開戦ヲモ辞セザル決意ニ出デ居ルコトヲ仄《ほのめ》カシ居リ、本年二月十九日国務省第二次官「パール」氏ガ「デモイン」ニ於ケル演説ニ於テ、米国政府ハ対日石油禁輸実施ノ当時ヨリ、日本トノ開戦ヲ覚悟シ居リタリ云々ノ趣旨ヲ述ベ居ルニ徴スルモ、米国政府ハ少クトモ

一九四一年七月下旬以降対日開戦モ亦已ムヲ得ズト覚悟シ居リタルハ大体推定ニ難カラズ。更ニ其ノ後米国側ノ本件交渉ニ関スル意中ヲ公式ニ且最モ明瞭ニ公表セルモノハ我軍ノ真珠湾襲撃ニ関シ構成セラレタル「ロバーツ」査問委員会ノ報告ニシテ、即チ同報告ハ其ノ冒頭「査定事実」findings of fact ノ項中第三節ニ於テ、合衆国ノ太平洋政策ハ他ノ政府（複数）ノ政策ト衝突シ居リ、米国陸海軍ハ右衝突セル諸政策ガ協調セラレザル限リ、太平洋戦争ハ不可避ナルコトヲ自覚シ居リタリ云々ト述べ、次ニ第七節ニ於テ、既ニ一九四一年一月二十四日海軍長官ガ同日附陸軍長官宛ノ書簡ヲ以テ、日米国交ノ危機増大シ、真珠湾ニ在ル太平洋艦隊ノ安全問題ニ付、再検討ノ必要ヲ促ガスニ至レルヲ通告セル旨ヲ述べ、更ニ第八節ニ於テ、一九四一年十二月七日ニ先立ツ数ヶ月間、国務長官ハ単ニ閣議ニ於テノミナラズ軍事参議会 War Counoil ニ於テ、累々陸海軍長官ト接触ヲ保チ、且右接触ノ機会ニ於テ対日交渉ノ進展及日米関係ノ緊張度益々増加シツツアル旨ヲ説述シ居リタルヲ明カニシ、更ニ第九節冒頭ニ於テ、海陸軍両省ガ一九四一年十月十六日夫々布哇ニ於ケル海陸司令官ニ対シ、日本内閣更迭ニ基ク日蘇開戦ノ蓋然性、及日本ノ対米英襲撃ノ可能性ニ付通報ヲ与ヘタル旨ヲ述べ、続イテ同節ニ於テ、一九四一年十一月二十七日海軍作戦部長及陸軍参謀総長ハ、夫々布哇ニ於ケル海陸司令官ニ対シ、日本トノ交渉ハ再開ノ望殆ド絶無ナル状態ニ於テ終結セル旨ヲ通告シ居リ、且戦争避ケ難キ場合ニ於テモ、米国ガ先ヅ第一ノ公然タル戦争行為ヲ取ルヲ欲セザル旨ヲ訓令シタリト述ベ居レリ。蓋シ之等ノ諸項ニ徴スルモ、米国ハ夙《つと》ニ我国トノ開戦ヲ覚悟シ居リタルコト明瞭ニシテ、殊ニ米側ガ十一月二十六日附公文ヲ殆ド最後通牒同様ニ取扱ヒ居リタル消息ハ、右報告ニ依リ炳《へい》呼《こ》トシテ明カナルモノアルニ至レリ。尚、「ロバーツ」報告書ガ開戦ノ際日本ハ先ヅ真珠湾ニ於ケル艦隊ヲ奇襲シ来ルベキコト（第七節）、日本側ガ宣戦布告ヲ俟タズシテ襲撃シ来ルベキコト（第八節）及右襲撃ガ未明ニ来ルベキコト（第七節）等、蓋《けだ》シ米国側ニ於テ予想シ居リタリト説明シ、更ニ日本航空機ノ襲撃ニ先立ツコト約一時間、即チ同日午前六時三十分ヨリ四十五分ノ間ニ米側ガ先ヅ日本小型潜水艦ヲ爆沈セルコトヲ明カニシ、真珠湾ニ於ケル失敗ガ米国ガ内外ニ宣伝スルガ如ク日本側ノ詐謀（「トリッチェアリ」）ニ非ズシテ、米国自身ノ油断タルヲ明カニシ居ルハ洵ニ奇観ナリト言ハザルベカラズ。

更ニ一方本使の旧友タル前駐蘇米国大使「デヴィス」氏ノ如キハ、十一月末本使ト社交的懇談ノ際、日米関係モ事態今日ニ至ツテハ、双方共ニ譲歩困難ノ立場ニ陥リタルヤニ認メラルルヲ以テ、日米両国ハ結局互ヒニ技術的敵国 technical enemy タルノ外ナカルベシト述懐シタルガ、右ハ恐ラク我国ノ馬来半島及泰国進駐等ニ依リ日米両国ガ国交断絶関係ニ入ルガ如キ可能性ヲ想像ニ描キ居リタルニ基クモノナルベク、我国ガ四カ年有余ニ亘ル日支事変ノ為国力劣ヘ、真逆ニ対米開戦ノ途ニハ出デ来ラザルベシト観測セル方面ニ於テハ、右「デヴィス」大使ト同様ノ観測ヲ下シ居リタル者、亦少カラザリシヤニ見受ケラル。

唯茲ニ注意スベキハ「ルーズヴェルト」大統領ヲ囲ム「ニュー・ディール」関係者方面ノ情報、殊ニ右「グループ」中ノ一有力者トシテ知ラレツツアル大審院判事「フランクフルター」氏ノ身辺ヨリ洩レル情報ガ、最初ヨリ交渉ノ帰結ニ付頗ル悲観的ニシテ、日米開戦ハ比較的少キ犠牲ヲ以テ参戦問題ニ付分裂シ居ル国力与論ヲ一挙ニ一致セシメ得ベキ最上ノ手段ナリト信ジ居ル者少カラズト伝シ来リ居リタルハ頗ル注目ニ値ス。

恐ラク右「ニューディール」一派中ニハ日米開戦ニ依リ否応ナシニ米国ヲ完全ナル戦時体勢ニ捲込ミ、其ノ間同派ノ目標トスル国内ノ社会的及経済的革新ヲ実現セシメント劃《かく》策セル者モ或ハ存シタルベク、現ニ開戦後米国ノ採用セル戦時経済施設中ニハ、「ニューディール」的目標ヲ有スル者少カラズ、
前大統領「フーバー」氏ノ如キモ、最近（五月二十日）ノ演説ニ於テ強ク此ノ点ヲ戒メ居ルガ如キ状勢ナリ。

ワシントンの日本大使館は、ルーズベルトによる親電発信の背景まで把握していたのである。このような状態であったから、当然国務省内でもハルノートの原案となる対日強硬策（モーゲンソー案）が立案されていたことを日本側が知っていたとしても不思議はない。

外交における情報戦とは、すべての情報を暗号によって隠匿すれば良いというものではない。

絶対に秘匿すべき情報と解読されても構わないとする無価値な情報、絶対隠避を装いながらも、わざと解読させて、敵国を自国に有利と成る方向へ転換させるための偽装暗号電報などもある。実際、米国側も上記の「絶対機密電文」ではなくて、機密度の低い電文は日本側に解読される可能性があることを知っていたようである。

ハルはその回顧録の中で、ルーズベルト大統領が天皇への親電を送達するとき、次のように指示されたと記している。

「機密度の低い〝灰色電報〟で発信するように、日本側に解読されても構わない」。

この部分については、原文の調査に当たってくれたニューヨーク在住の映画監督で昭和史研究家であるChosei Funahara氏が原本から発掘してくれたので紹介する。

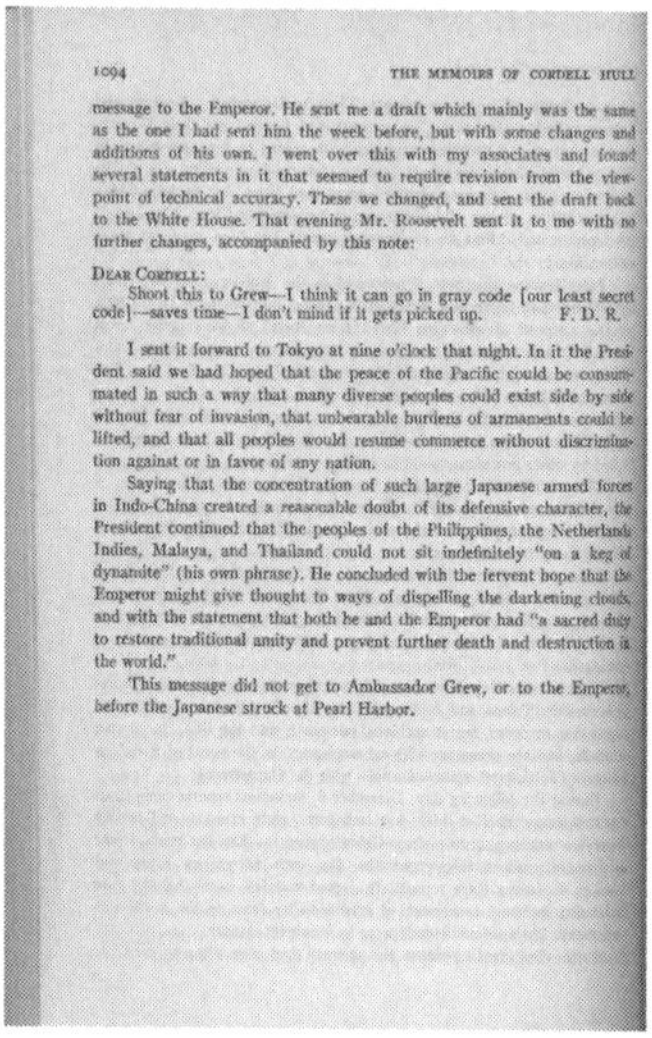

1094 THE MEMOIRS OF CORDELL HULL

message to the Emperor. He sent me a draft which mainly was the same as the one I had sent him the week before, but with some changes and additions of his own. I went over this with my associates and found several statements in it that seemed to require revision from the viewpoint of technical accuracy. These we changed, and sent the draft back to the White House. That evening Mr. Roosevelt sent it to me with no further changes, accompanied by this note:

DEAR CORDELL:
Shoot this to Grew—I think it can go in gray code [our least secret code]—saves time—I don't mind if it gets picked up. F. D. R.

I sent it forward to Tokyo at nine o'clock that night. In it the President said we had hoped that the peace of the Pacific could be consummated in such a way that many diverse peoples could exist side by side without fear of invasion, that unbearable burdens of armaments could be lifted, and that all peoples would resume commerce without discrimination against or in favor of any nation.

Saying that the concentration of such large Japanese armed forces in Indo-China created a reasonable doubt of its defensive character, the President continued that the peoples of the Philippines, the Netherlands Indies, Malaya, and Thailand could not sit indefinitely "on a keg of dynamite" (his own phrase). He concluded with the fervent hope that the Emperor might give thought to ways of dispelling the darkening clouds, and with the statement that both he and the Emperor had "a sacred duty to restore traditional amity and prevent further death and destruction in the world."

This message did not get to Ambassador Grew, or to the Emperor, before the Japanese struck at Pearl Harbor.

回顧録の1094ページ

一〇九四ページ目の上から八行目に次のような記述がある。

Dear Cordell:
Shoot this to Grew-I think it can go in gray code[our least secret code]-saves time-I don't mind if it gets picked up.

回顧録の前段では日本側の暗号をすべて解読していたなどと有色人種に対して優越感

に浸っていたかと思っていたら、中段に入ってから「機密度の低い電文は日本側に解読されるかもしれない」と解読されることを恐れているのである。ハルは日本側の解読能力は機密度の低い「灰色電報」までで、機密度の高い電報は解読されないと考えていたようである。

情報戦とは騙し合いであり、相手の解読能力を逆手にとって幻惑させることも作戦の一つとなる。情報戦にも実戦と同様に陽動作戦、囮作戦が存在し、それぞれ陽動情報、囮情報と呼称すべきかもしれない。次に日米間の情報戦の推移について分析する。

日米暗号解読戦は日本側が勝利していた

結論から言えば、日米の暗号解読戦は日本側の勝利に終わったと言ってよい。日本側の情報戦における作戦目的は真珠湾作戦の絶対秘匿であり、南方作戦の秘匿レベルは弛緩させ、陽動囮情報として米英でも探知解読できる程度に放置した。それゆえ米英は海南島三亜での日本軍の集結と進発を探知して、日本軍の先制攻撃があったとしても、それは東南アジア地域（フィリピン）、または日本本土に近い米領南洋諸島に対してであり、真珠湾への攻撃可能性は低いという思い込みをするにいたった。また、日本側解読のグルー大使宛て極秘電にも記述がある通り、米国側が日本軍の南シナ海での集結状況を把握していたことは明白である。

日本軍による真珠湾攻撃のときに不在であった二隻の空母はウェーク島とミッドウェー島へオアフ島から抽出した防空用戦闘機部隊を輸送するために不在であったという事実を考えると、当時米国政府が真珠湾奇襲を予見していたとは考えられない。南洋諸島地域の米国領島嶼、せいぜいハワイ諸島北端、真珠湾から東北東三千キロに位置するミッドウェー島とグアム島、ウェーク島への攻撃はあり得ると考えていたことは確かである。だから貴重なる戦闘機部隊を二隻の空母を使って輸送したのである。

米国側から見れば、たしかに日本海軍の規模は脅威に感ずるものではあったが、その活動域は日本海、東シナ海、南シナ海、西太平洋といった東亜大陸の沿海域であり、まさか中部太平洋まで日付変更線を越え、六千キロもの長駆を掛けてハワイまで来るとは思いもよらなかったのである。

日本側の暗号電文をすべて解読していたとする回顧録におけるハルの発言は嘘である。すべて解読していたなら、ハワイ奇襲も予期していたはずである。ハワイ奇襲を暗号解読から予期しており、なおかつ先に手を出させて返り討ちに遭わせる「正当防衛」をハルが望んでいたなら、時間稼ぎのためにハルノートを出す必要などなかった。放っておけば日本海軍は十一日後にはハワイを空襲してくれるわけであるから、南雲機動部隊の進発など知らない振りをして、ハルノートを出さないでいた方が良かったはずである。もし、高飛車なるハルノートを発出して、日本側がそれに怖じ気づいて開戦を躊躇したり、または南雲機動部隊が引き返してしまっては「正当防衛」は成り立たず、困るのは米国であるからだ。

ハワイ奇襲を予期していなかったから「虚仮威しのハルノート」を発出したのである。もし予期していたなら「虚仮威しのハルノート」など発出せず、軽微な被害ですむように真珠湾では空母のみならず他の戦艦、艦艇を港外に非難させ、航空部隊は日本軍機を迎え撃つため上空待機させていたはずである。なぜそうしなかったのであろうか。ハワイ奇襲など予期していなかったからだ。

ハワイ奇襲を悟られなかったという意味で、日米間の情報戦は日本側の勝ちであった。

日本側がハルノートを宣戦布告文だと言い出したのは開戦直後から

ハルはその日本版回顧録で次のように語っている。

「私が一九四一年十一月二十六日（ワシントン時間）に野村、来栖両大使に手渡した提案（ハルノート：ハルは「十ヵ条の平和的解決案」と呼んでいる）は、この最後の段階になっても、日本の軍部が少しは常識をとりもどすこともあるかも知れない、というはかない希望をつないで交渉を継続しようとした誠実な努力であった。あとになって、特に日本が大きな敗北をこうむり出してから、日本の宣伝はこの十一月二十六日のわれわれの覚書をゆがめて最後通告だといいくるめようとした。これは全然違う、その口実を使って国民を欺し、軍事的掠奪を支持させようとする日本一流のやり方であった」。

この発言は、ニューヨーク在住映画監督で昭和史研究家のChosei Funahara氏（船原長生）も原文にて確認している。

Chosei Funahara 氏談：

１０８４ページのハルが渡した最終のいわゆるハル・ノートにハルが、下から十五行目に Later on, Japanese propaganda - especially after Japan had begun to suffer serious defeats - tried to distort our memorandum of November 26 by calling it an "ultimatum." This was in line with a well known Japanese characteristic of utilizing completely false pretexts to delude their people and gain their support for military depredations. と書いてあります。これが責任逃れでしょうか？

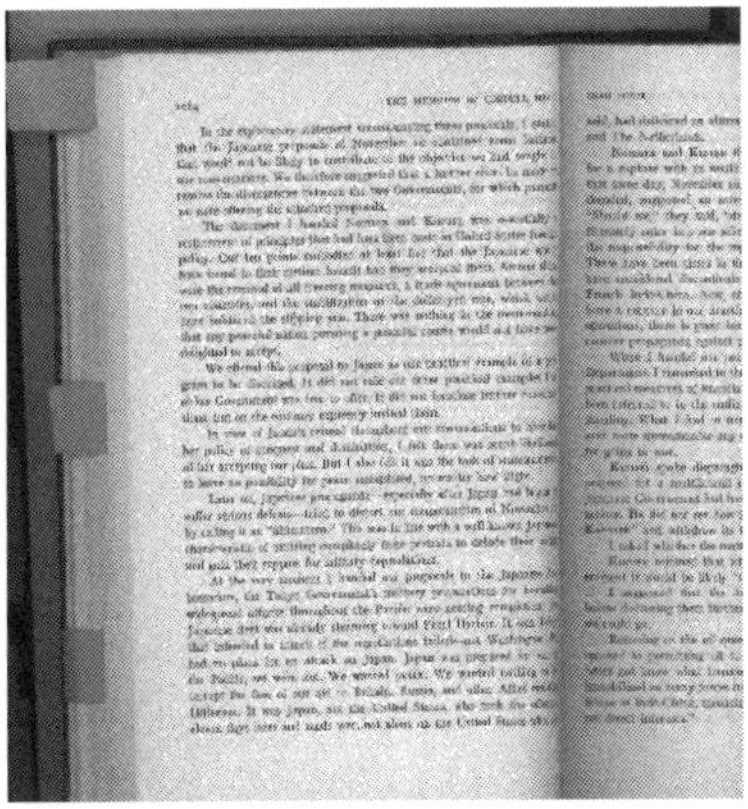

自分が発出したメモ書き

ここでもハルは、自らを正当化するために大嘘を捏っち上げている。

日本側が初めてハルノートの存在を公開したのは、受領直後からである。

以下にウィキペディアから引用する。

当時の新聞報道

11月28日付朝日新聞夕刊には「ハル長官、最後的文書を手交」の見出しで、「ハル国務長官は26日午後の日米会談において日本側に文書を手交したが、右は日米問題の平和的解決に対する米国の態度を要約したものと推測される」「野村、来栖両大使とも…記者団の質問に対してはいっさい口を緘して語らなかった」「各方面とも26日の日米会談再開をもって、恐らく日米交渉の前途をトするに足る重大意義を有するものとの一致した観測を下している」とある。

11月28日付中外商業新報には「米、原則的主張を飽くまでまげず」との見出しで、ハルが26日に手交した文書について「恐らくは最後的な米側の提案と解されるものである」「米政府スポークスマンの語るところによると、右文書は、『過去二、三週間に亘る会談が最高潮に達した事実を表すものであり、…誰でも熟知している或る種の基本的原則に基づいたものである。』とのことであるが、これは米側の提案が依然ある点において過去の原則的主張を頑固に固執していることを示唆するものであり、従って会談の前途はすこぶる楽観を許さざるものと見られる」とある。

また、ニューヨーク27日発の同盟電によれば、「26日夕刻、ハル国務長官が野村、来栖両大使と会見、文書を手交してからは急角度を以って悲観論が圧倒的となり、

27日の朝刊各紙は『日米交渉がついに最後の段階に達し、日米関係が和戦いずれかに決定される時が来た』と大々的に報じている」として、「米各紙、悲観論濃厚」としている。

開戦後には、外務省から「日米交渉の経過」が公表された。その中には乙案の全文やハル・ノート全十箇条の大要が含まれており、12月9日付朝日新聞夕刊では「米、中国撤兵と三国同盟死文化に固執」との見出しで報道された（「対米覚書」についても、「日本側、交渉打ち切りの最後通牒を手交」との見出しで全文が掲載されている）。

なぜハルは回顧録で対日戦に関わる記述を避けたのか

人は皆自分にとって気恥ずかしい経験を公にすることには気が引けるものである。ましてや、その人物が国を動かす重要幹部であり、栄光に包まれた過去を持つ人物であればなおさらである。

アメリカ合衆国国務長官コーデル・ハルの場合、その思いは格別であった。なんとハルは、自らは正真正銘の紅毛碧眼たる白色人種であるにもかかわらず、劣等なる有色人種である日本人から「ただのメモ書きでいいですから」と騙され誑かされて、再交渉の叩き台となるべき米国側の要求をすべて盛り込んだ紙片（〝ハルノート〟）を米政府の審査もなく渡してしまったのである。それを受け取った瞬間、日本側はその紙片を「宣戦布告文書」であると声高に叫び始め、まるで鬼の首を取ったかのように歓喜し、以後の交渉を日本側から途絶してしまったのである。日本側が何を目論んでいたかは明らかである。開戦名目の獲得を目論んでいたのである。開戦名目にできるのなら公式なる条約、協定であろうと、ただの紙切れであろうとどうでも良かったということである。まるで〝オフレコ破り〟みたいな行いである。このコーデル・ハルの軽率さにより、アジア・アフリカの植民地では神と崇められていた白人たちの、その世界に与えた衝撃は前述した通りであるが、もう一度確認しておく。

米国務長官コーデル・ハルの軽挙により白人帝国主義国家が被った被害とは、

・米国領フィリピン植民地の喪失
・大英帝国の崩壊（インド、ミャンマー、マレーシア、シンガポール、ブルネイ、パキスタンなど、アジア、アフリカ、南アメリカ地域におけるほとんどの構成国の独立）

・仏領インドシナ植民地の喪失
・蘭領東インド（インドネシア）の喪失
・欧米植民地主義の崩壊とＥＵの結成
・白人優越主義の崩壊
・人種平等の実現
・欧米植民地の独立による有色人種独立国の増加と国連の拡充
・米国内における黒人解放と黒人大統領の誕生
・核兵器使用という歴史的汚点
・日本軍の支那大陸からの急激な撤退による軍事空白の発生と国共内戦の再発
・支那大陸の共産化と蔣介石の台湾逃亡、朝鮮戦争とベトナム戦争の勃発
・共産化による欧米支那利権の完全喪失
・東京裁判捏造という歴史犯罪

白人たちが数百年にわたって築き上げてきた植民地主義と有色人種奴隷化はすべてこの地球上から消滅し、白色人種の誇りと権威は失墜したのである。そのきっかけを大日

本帝国に与えた一人の白人が存在した。その人物の名こそミスター「コーデル・ハル」であった。

このように、放ておいても人類史に燦然と輝き続ける大失態を演じた人士は、果たしてそのような自分の過去の過ちを自らの回顧録に書き記したいであろうか。否であろう。ハルはその回顧録の中で大東亜戦争に触れた部分は上記二の「昭和十九年（一九四四）日本軍の負けが込んできてから、日本側はハルノートを宣戦布告文だと言い出した」だけであり、それ以外に触れている箇所はない。この件についてはChosei Funahara氏も原本にて確認済みである。

Chosei Funahara談：

The Memoirs of Cordell Hullですが、結論から言いますと、パールハーバーの翌日までしか書いていません。太平洋戦争の内容は全く書かれておらず、野村大使、最後になって登場する来栖元独大使との話し合いは詳細に書いてあります。パールハーバーの攻撃の後のミーティングまでで、後はルーズベルトとの会話、その後のオランダ、イギリス、ヴィシー政権のフランス、そしてロシアとの交渉のみです。

大東亜戦争の戦況について一言も触れていないのは奇妙である。なぜなら、米国にとって第二次大戦の主戦場は、欧州ではなくて太平洋であったからだ。対ドイツ戦で米軍は約二十五ヶ月間戦ったが、太平洋での対日戦で米軍は四十四ヶ月間も戦い、全陸上兵力の三分の二を投入、海軍力のほぼすべてを投入していた。そして虎の子の植民地フィリピンを昭和十八年十月十四日、日本軍によって強制独立させられ、米国は十二万八千人に上る戦死戦傷捕虜を出し、フィリピン領土を永久に失っていた。こんな国家にとっての重大事をなぜ当時現職国務長官であったハルは回顧録で割愛してしまったのであろうか。不思議としか言いようがない（詳細は拙著『アジアを解放した大東亜戦争——連合国は東亜大陸で惨敗していた』〈展転社刊〉を参照されたい）。

回顧録に書き残せば、その記事は米国議会図書館に永久保存され、未来永劫自身の栄誉を汚すこととなる。それゆえハルは、大失態には蓋をし、隠蔽したのである。そう考えないと辻褄が合わない。有色人種に騙されたなどというみっともない事実を、白人の歴史に残してはならないのである。そんなことが明らかとなれば、米国内の黒人解放運動を勇気づけ、白人の支配的地位が揺らぐからである。

第五章　戦後のハル評価

ハルの「勝った振り欺瞞」

終戦とは、著者が主張しているように正確にいうなら「終核戦争」であった。核兵器の使用を米国側に止めさせ、負けた振りをしてでも人類文明を破却させるであろう核兵器の通常化を妨ぐというのが、昭和超帝が下賜された終戦の詔書であった。それゆえ大日本帝国陸海軍は、負けるはずなどないと踏んでいた本土決戦を行わず、武装解除を受け入れた。すなわち、日本は負けた振りをした実質的戦勝国であったわけである。

一方、連合国はと言うと、終戦までにアジア七ヶ国が日本軍によって強制独立ないし独立宣言を行わされ、植民地防衛という戦争目的を喪失した実質的敗戦国であった。日本は疑似敗戦国で実質戦勝国であり、連合国は疑似戦勝国で実質敗戦国であったわけである。原爆投下によってもたらされた勝敗の捻れが、ハルがその後の歴史に於いて「マヌケたピエロ」を演じ続けることから彼を救った。たとえ疑似であれ戦勝国という立場は、ハルの大なる過失を「過失ではなく意図的であった」というロジックにすり替えることを可能とした。歴史は勝者が作るものだからである。

「日本を開戦に追い込むために〝ハルノート〟を発出した」という戦後の定説は、このようにして捏っち上げられたのである。

日本側は野村・来栖両大使と東郷外務大臣という当事者は存命であったから、「騙された癖して、そりゃないだろう」と言いたくもなったであろうが、それを言えば戦犯にしょっ引かれる恐れもあり、口を噤んでしまった。そして、陛下の御名のもと負けた振りに徹しなくてはいけないから、沈黙を貫き通したのである。その結果、ハルは「マヌケの汚名」を着せられることから七十五年間逃れることができたわけである、本書が出版されるまでは。

ハルノート発出の経緯をわかりやすく例えるなら次の通りとなる。

以下の例え話を「公園のホームレスオヤジ物語」と称することとする。

ホームレスオヤジ（野村・来栖両大使）がたむろする公園のベンチでの出来事である。ある会社役員（ハル国務長官）は大金入りのトランクケース（ハルノート）をベンチに置いて、自分も座り休んでいた。そこに二人のホームレスオヤジの片方（野村吉三郎）が話しかけてきた。話し上手なオヤジで役員は褒められ、煽てられ、ヨイショされていい気分であった。話に夢中となり、もう一人の男（来栖三郎）の所作には気がつかなかった。話も終わり、話のうまいホームレスオヤジは帰っていった。

役員は会社に戻ろうと立ち上がり振り返って気がついた。ベンチの上に置いてあったはずのトランクがなくなっていたのである。もう一人のホームレスオヤジ（来栖三郎）に盗まれたことは明らかだった。役員は会社に大損害を与えてしまったわけだが、その役員は自分の過失を認めずに、次のように言いくるめた。

「盗まれたのではない、貧乏人に金を恵んであげるためにわざと盗ませたのだ」

本来ならこの失態は役員会、株主総会で糾弾されるべき事案であり、役員（ハル）は解任されるべきなのであるが、会社側（米国）にもその役員を解任にできない事情があった。その置き忘れ役員は、会社オーナーである会長（ルーズベルト）の倅だったのである。そのため会社としては利益を社会還元したことにして、世知辛い昨今にあって「類い希なる美談」として処理したのである。さらに会社側はホームレスオヤジ（野村・来栖両大使）の犯罪（戦犯としての）を問うこともせず、会社への感謝の手紙を書くように裏工作（戦犯訴追脅迫）をした。ホームレスオヤジたちは、それを資金として人生を立て直したことにして、利益を還元した会社を褒め称えたのである（東京裁判、ＷＧＩＰ）。この一件はたちまち反日勢力（ＧＨＱ、日本共産党、新聞各社、ＮＨＫ）によって報道され、その結果、会社イメージが好転、株価は上昇し、損失した分を遙かに上回る含み益を会社にもたらした（米国の超大国化）。
以上がハルノート発出から戦後処理までの顛末の例えである。
次に発出の日である昭和十六年十一月二十七日（ワシントン時間二十六日）にハルの執務室で何が起きていたのかについて、あくまでも著者による創作ではあるが、小説風に活写してみようと思う。その方がわかりやすい読者もいると思うからだ。
場面設定：ワシントン米国務省長官室
登場人物：駐米日本大使　野村吉三郎、来栖三郎
米国務長官　コーデル・ハル
野村はそのいつもの温厚な表情に緊張の糸を走らせていた。
「国務長官、どうでしょう、この際は貴国側から東京に対し、厳しい要求条件を提示してはもらえないでしょうか。貴国が要求のすべてを網羅した文書を発出すれば、東京はこれ以上の交渉を諦め、妥協してくるものと当職は考えるのですが。アジア人とはそういうもので、欧米列強が強く出てくるとたちまちひれ伏すものなのです。アヘン戦争のときの支那人がそうでした。その方が当職たちも話を纏めやすいのです。もう八ヶ月も交渉を重ねてきましたが、いまだに妥結しないのは貴国のせいではなく、日本側の頑

迷さにあります。当職らも東京の頑固さには手を焼いているのです。ここは貴国の本音をぶつけては下さりませぬか」

言い終えると、野村はいつもの穏やかな表情を取り戻していた。そして、

「来栖君、君もそう思うだろう」

同席する来栖にも同意を求めた。

「ここは野村が言う通り、東洋人の特徴を利用した方が良いかと思います。叩き台としてのメモ書きでよろしいですから、書いてくだされば、当職らはそれをもって東京に妥協を迫ることができます」

生来真面目な表情を持つ来栖が、さらに真面目に野村に同意し、ハルの顔を穴が開くかというくらい見つめている。

ハルはしばらく考え込んだが、決断したようである。

「これはモーゲンソー財務長官がまとめた対日要求案だ、これでどうだろうか。彼の部下のホワイトが作ったものらしい。先週モーゲンソーが持ってきたが、あまりに要求が過激すぎるので、貴職らには見せず私が握りつぶしていた」

野村は顔を綻ばせると、老眼鏡を背広の内ポケットから取り出し、その書類に眼を通

した。

「ハル長官、これでは優しすぎると思います。私の方で加筆させてもらいます。二項目を加えますね」

「来栖君、これでどうだろう」

来栖もメモを受け取り眼を通した。

「ここまで厳しい条件であれば、本省も腰を折ってくれるでしょう」

来栖はそう言い終わると、加筆されたモーゲンソー案をハルに返した。

メモを返されたハルは表情を強ばらせた。

「これは厳しすぎないだろうか。こんなのを突きつけられたら、天皇は激怒して日本軍に開戦を命じるのではないだろうか、そこが心配だ」

「それはありませんよ、公式の文書ではなく非公式の叩き台としてのただのメモ書きですから」

「そうか、それでは非公式かつ何の拘束力もない私的な提案ということにして提出してみよう」

ハルはタイプ正打のために秘書を呼ぼうとしたが、

「長官、大丈夫ですよ。来栖はタイプが得意ですので来栖に打たせましょう。偶然、今日はタイプライターを持参してますから」

普段はタイプライターなど持参しない来栖が、なぜ持っているのだろう。あまりにも準備が良すぎる。

野村は来栖に「ハルの気が変わらないうちに、さっさと打て」と目配せしている。

来栖は手早く茶色の革ケースに入ったタイプライターを取り出すと、パタパタパタパタと打ち終えた。そしてハルに手渡すと、文書のチェックを求めた。

文面を確認したハルは、ブラックオーク製の頑丈そうなテーブルの右袖から細長いスタンプを取り出すと、文面にそのスタンプを押しつけた。押しつけられたところには英文で「非公式かつ拘束力を持たない」と印字されていた。

「長官、これで戦争は回避できますよ。妥協を排した貴国の決意を知れば東京も折れてくるはずです。それでは我々はお暇して大使館に戻り、東京に打電します」

帰りの車の中で二人はなぜかこみ上げてくる笑いを押さえることができなかった。後ろの席で意味もなく笑い転げる二人に対し、当番の運転手も作り笑いで応えていた。

ハルが辞職するまでに、米国はフィリピン植民地を失い、太平洋島嶼戦ではたった二十七万の日本軍玉砕部隊に消耗戦を強いられていた。また、支那大陸では日本軍が発動した大陸打通作戦により、米支軍は八十万に上る戦死、戦傷、捕虜を出して大敗北を喫していた。

いくら回顧録では勇ましいことを語っていようと、当時の戦況と照らし合わせてみると、日本軍に勝てるという確信などその時点ではあり得なかった。フィリピンと東亜大陸には数百万もの日本正規軍が布陣し、さらに日本軍が育成した表（126頁）に示す現地人部隊も白人軍の襲来を待ち構えていた。一九四四年十月の段階で連合軍は欧州戦線では勝ち進んでいるものの、南太平洋のいくつかの小島を回復しただけで、それ以外は手つかずの状態だった。

ハルは自分の健康状態から辞職を願い出たとしている。しかし、その実態はもう現実から逃げ出したかったのであろうと著者は考える。前述したように、大日本帝国が白人国家に与えた衝撃はあまりにも大きすぎた。東亜欧米植民地の全損失という現実に、ハルは狼狽えるしかなかったのである。しかも、そのきっかけとなった「ハルノート」という開戦名目を日本に与えたのは自分自身だったのである。

日本軍と共に連合軍と戦ったアジア国家と軍組織

戦闘参加国・政府	大日本帝国、タイ王国（一九四二―四五）、満洲国、中華民国南京国民政府（汪兆銘政権）、蒙古自治邦政府、ビルマ国（ビルマ独立義勇軍）
日本による支援を受けた軍組織	自由インド仮政府（インド国民軍）、ビルマ防衛軍、郷土防衛義勇軍（インドネシア）、スマトラ義勇軍、ボルネオ義勇軍、ジャワ防衛義勇軍、マレー義勇軍、マレー義勇隊、越南青年先鋒隊（ベトナム）、フィリピン人義勇軍（マカピリ）、比島ラウエル大統領付親衛隊、石家荘白系ロシア人義勇軍（中国）、皇協維新軍（中国）、中華民国臨時政府軍、皇協新中華救国民軍、満洲イスラム教徒騎兵団
連合国側に宣戦布告をした	ビルマ国（一九四三―四五）、ベトナム帝国（一九四五―）、ラオス王国（一九四五―）、カンボジア王国（一九四五―）

あまりに迂闊な行動だったゆえ、すぐにでも責任をとって辞職したかったであろうが、ルーズベルトはそれを許さなかった。それからの三年間というものはハルにとって針の筵《むしろ》だったに違いない。東亜大陸での植民地独立の報、米兵の命の損失を聞くたびに、生来真面目な性格で気の小さいハルは心を痛めたことであろう。なぜなら、そのような白人にとっての悲劇を生起させたのは軽率なる自分の行いだったからだ。

ハルは国連の創設に尽力し、そのことを回顧録でも自慢げに語っている。その功績で引退後の一九四五年にノーベル平和賞を授与されている。

自分の軽率さから十六世紀以来営々と築き上げてきた〝白人利権〟を完膚なきまでに崩壊させ、アジア・太平洋・インド洋で核兵器使用を含む大殺戮戦を演出してしまったハルにすれば、せめて国連を設立して世界平和の実現に貢献する位しか、罪を償う道は残されていなかったのであろう。一九四三年からハルが開始した国連設立運動という平和希求活動は、自らの戦争勃発責任に対する贖罪であった。

ハルは一八七一年十月二日、テネシー州ピケット郡に生まれ、一九五五年七月二十三日ワシントンで死去した。ハルがその罪悪に塗れた人生の幕を閉じるちょうど三ヶ月前、インドネシアのバンドンでは第一回アジア・アフリカ会議（バンドン会議）が開催されていた。

大東亜戦争の結果、欧米諸国の植民地支配から独立し、当時の世界人口の五十四パーセントを占めていたアジア・アフリカ二十九ヶ国が、この有色人種のみによる国際会議に参集した。以後、これらの有色人種国家とその後に続々と誕生した有色人種国家が国連の中核を担っていく。現在国連は約二百の加盟国を有するが、そのほとんどが大東亜戦争中、または後に独立を果たした有色人種国家である。

これは皮肉な見方ではあるが、コーデル・ハルの人生とは有色人種解放のためにあったのではないかと勘ぐりたくなる。自らの過失で日本人を怒らせ、有色人種解放戦争を起こし、その贖罪から国連を創設したが、その国連も有色人種国家に占拠されている。

歴史は時として人に皮肉を演じさせる。ハルが目指した「白人利権」の拡大は、皮肉にも「白人利権」の終焉をもたらした。このように考えると、コーデル・ハルこそが人種平等実現への最大の貢献者に見えてくることこそ「歴史の皮肉」であることは間違いない。

不思議な予知夢

以下の話は科学的ではないゆえ、信じたくない人は信じなくて結構である。

著者の先祖は二千年前、伊勢神宮の御創建にかかわったとされている伊勢国安濃郡で、県主《あがたのみやつこ》を仰せつかっていた安濃宿禰である。そのためか著者は子供の頃から霊感が強く、たびたび予知夢を見せられてきた。著者はそれを「睡眠英霊通」と名づけ、自身のブログなどで公開し、それらの予言は程なく現実化しており、拙ブログ読者の間ではおなじみとなっている。

英霊通と名づけた理由は、英霊がらみの霊通が多いからである。今回本書にて話題にしている「ハルノート発出の真相解明」についても、始まりは睡眠英霊通である。

この件が具体化してきたのは本年の年が明けたころであった。

著者が配信しているyou tube動画番組で、ハルノートが話題となった。戦勝解放論を推し進めるなら、ハルノートは日本側がハル国務長官にわざと書かせたのではないかという疑惑で、一月二十から二十二日の三回の動画で盛り上がった。拙ブログにも当時の様子が記述してあるので、ここにブログ記事を補足しながら紹介する。

拙ブログより、一月二十一日の記事

昨日（令和二年一月二十日）の you tube 動画で「ハルノートはアジア解放戦争の開戦理由とするため日本側がわざと発出させるように仕組んだのではないか」という疑念について議論しましたが、今朝（一月二十一日早朝）それについての霊通がありましたので報告します。

夢の中で私は昨日の動画配信で皆さんに約束した通り、ハルーノートについて分析・考察を重ねていた。そのとき、なぜか自分の右側の上空が気になり、見上げると、二人の紳士が何か皿のような小さな雲、筋斗雲のようなものに乗って、私を見下ろしている。一体誰なのだろうかと思い近づいたのだが、近づけば筋斗雲の二人は遠ざかるため、顔がよく見えない。外見は間違いなく日本人の中年男性であった。あの人たちは誰なのだろうと類推していると目が覚めた。

この霊通は何を意味しているのだろうか。

あの二人は対米交渉に当たった当事者である野村と来栖ではないだろうか。野村と来栖は、事実上の米国側からの最後通牒（宣戦布告書）ともいえるハルノートを発出させるために交渉に当たっていたと考えれば、長期にわたる交渉期間も、ハルノート発出のわずか十一日後の真珠湾攻撃、最後通牒手交の遅れもすべて説明がつく。野村吉三郎は海軍出身であり、奇襲を成功させ海軍将兵の犠牲を少しでも減らすために手交をわざと遅らせた可能性は否定できまい。

米国側から宣戦を布告してくれるなら、日本軍は大手を振って開戦できる。もしかしてハルはハルノートを出せば日本側は要求を飲みますよと野村・来栖の両人、米政府内に巣くう両人の協力者《スパイ》から唆されてハルノートを、まさか開戦のための宣戦布告書に祭り上げられるとは知らずに発出したのではないだろうか。

もし、上記「ハルノート――日本側ヤラセ論」の証拠文献が出てきたら、またしても昭和史は塗り替えられることになる。筋斗雲に乗った二名の紳士はそのことを期待して私の睡眠英霊通に出てきたのかもしれない。御霊体が出現したということは、探せば必ず「ヤラセ論の証拠文献が出てくるから探しなさい」と両名の御霊体は札幌学派に命じています。半年一年、あるいはもっとかかるかもしれませんが、証拠文献は必ず存在しています。御霊体の出現がそれを証明しています。札幌学派は皆で力を合わせて今日から探索に入りましょう。

拙ブログより、一月二十二日の睡眠英霊通

八巻康成君が〝ハルノート日本側ヤラセ論〟を裏づける証拠文献をアジ歴から見つけ出してきました。

昨日の睡眠英霊通がこんなに早く当たるとは。やはり筋斗雲に乗ってこちらを見ていたのは野村と来栖両名の霊体だったのです。英霊が八巻康成君を発掘へ誘導したのです。対米戦回避交渉が真珠湾奇襲準備完了のための〝偽装外交〟だったとは、どうりで奇襲が成功するわけです。

有色人種の日本人にまんまと嵌められたと知ったときのコーデル・ハルとルーズベルトはどんな思いだったでありましょうや。あとは偽装と隠蔽を繰り返して自分たちの大失敗を覆い隠すしかなくなったわけです。

拙ブログより、二月十三日の記事

野村・来栖両大使が睡眠英霊通でキント雲に乗って現れたその意味がたったいま解った。

『國の防人』に投稿する論文「ハルノート誑かし論」を書いていたのだが、その中で思わず次の一文を使ってしまった。

「結局偽装外交という絶対命令のもと野村・来栖の両大使は対米戦の絶対回避交渉という〝猿芝居〟を演じていたのである」

両人は猿芝居を演じていたから「キント雲」に載っていたのである。睡眠英霊通の中で野村・来栖の両大使は自分たちは猿芝居をうつ猿だったから孫悟空のように筋斗雲に乗っていた、すなわち彼らの対米交渉は猿芝居＝偽装外交だったと訴えかけてきたのである。

本当に私の睡眠英霊通は謎解きのように意味が深い。いちいち疲れる。


科学者として、上記のような神がかった話をするのははなはだ面映ゆいのであるが、睡眠英霊通を受け取っていることも科学的事実であるから公表することにする。

前述した〝野村・来栖の神がかり現象〟をきっかけに、戦後信じられてきた〝ハルノート従来説〟が覆されたわけであるが、神がかり現象はそれだけではなかった。

ハルノート〝日本側ヤラセ論〟の論文を季刊誌『國の防人』に投稿すべく草稿を書き始めたその時〝神がかり現象〟が起きた。

今度はコーデル・ハルの霊が睡眠英霊通に現れた。夢に現れたハルはただ無言で瞬きもせず著者を見つめていた。しかし、その目は私に訴えかけていた。

「もう本当のことを明かして欲しい」と。

ハルは騙し続けることに疲れたのだろうかと当初は勘ぐったのだが、実のところはこうであった。

「真実を明らかとし、本当のことを暴いて欲しい。アメリカのためにもそれが必要なのだ。いつまでも戦時に捏っち上げられた歴史観を信じていては、アメリカ合衆国が立ちゆかなくなる」。

草稿を書き終えて、最終原稿、そしてゲラ校の完成までハルの霊は私に付き纏っていた。

起きているときも寝ているときも、ハルの霊は付き纏っていた。『國の防人』には前半と後半の二回に分けて投稿したが、二回目の投稿が終わったとき、ハルの霊は著者の周辺から消え去っていた。

本書では、ハルに対する評価として著者は同情的な表現を使用した。特に前述した以下の段落である。

「これは皮肉な見方ではあるが、コーデル・ハルの人生とは有色人種解放のためにあったのではないかと勘ぐりたくなる。自らの過失で日本人を怒らせ、有色人種解放戦争を起こし、その贖罪から国連を創設したが、その国連も有色人種国家に占拠されている。歴史は時として人に皮肉を演じさせる。ハルが目指した『白人利権』の拡大は、皮肉にも『白人利権』の全喪失をもたらした。このように考えるとコーデル・ハルこそが人種平等実現への最大の貢献者に見えてくることこそ『歴史の皮肉』であることは間違いない」。

上記の部分こそ、ハルの霊が著者に明らかにして欲しいと訴えかけていた表現であったと思う。

GHQは野村と来栖に「ハルノート日本側ヤラセ論」を封印させた

来栖の回顧録『泡沫の三十五年——日米交渉秘史』（昭和二十三年十一月、文化書院刊）の冒頭部分「はしがき」で来栖は次のように記述している。

昨年七月七日、自分は、あの交渉の最後の段階において、自分らのために極めて有力な側面工作をしてくれた、米国の某氏に宛てた手紙の一節で、当時の心境を次のように述べた。

「恐らく多数の米国人は、今以って自分が真珠湾攻撃の成功を期しつゝ、詐って米国側と交渉を続け居りたるものと信じ居るべしと存候。

勿論自分としては、只管《ひたすら》斯の如き誤解を除かんと焦心致居り、戦後数次の新聞記者会見に於て、極力此等批難の打消に努め来りたる次第に候処、一般大衆の偏見今猶根強く、自分自身の否定の如きは殆ど何等の効なきを悟り、いたく失望致居る次第に有之候。

刻下東京に於ては極東国際軍事裁判進行中に有之、既に過去一年に渉り、連合各国知名の裁判官及び弁護士に於て戦争犯罪の審理に当り居り、あらゆる証拠は既に其掌中にあつまり、又必要なる証人は何時にても喚問致得る事と相成居候。現に自分等が交渉中東京政府と往復致候電信の如きも、全部完全に解読翻訳せられたる上、此等裁判官の手許に有之、且つ小生の如きも既に数回に渉り検事側の訊問を受け申候。

来栖は米国の友人に宛てた手紙の中で、「多くの米国人が未だに対米交渉は米国を欺すための偽装交渉であり、その首謀者が来栖であったという疑念を抱いている」という事実を知り、それは間違いであるとし、そのような誤解がまかり通っていることに失望していると記述している。

さらに来栖は「はしがき」の末尾で、「将来外交上の支障を来す可能性があるゆえ、日米交渉の全貌を詳細にわたって明かすことは日米双方とも外交的影響力が大きすぎるゆえ不可である」とも述べている。

その記述箇所についても引用しておく。

ことに日米交渉に関しては、国際軍事裁判所や、米国上院の調査等の関係で、終戦後続々と種々な文献が現われてきているし、また今まで一般には知られなかった事実が次々に公表されつつあるから、単に戦争の興奮が次第に鎮静し、世界の人々が判断の均衡を回復する時期を待つこと以外に、資料の完全を期するという点から考えても、日米交渉の冷静かつ詳細な外交史的記述は、これを後年に期待すべきであると考える。

従って今の自分としては、この画期的な交渉や、多少ともこれに関連を持った外交案件について、自身の体験したところを、自分の記憶の鮮度が失われないうちに記録するに止めたのであって、その間前に述べたさまざまな制約を尊重せねばならなかったことは申すまでもないと思う。

要するに来栖は、「はしがき」の前段では「自分はハルノートヤラセ発出」の犯人ではないと述べながら、後段では「まだ本当のことは言えない」と読者を煙に巻いている。自分が真犯人でないのであれば、本当のことを言うべきなのに、それを言わないということは、よほどの言えない理由があるのではないかと勘ぐりたくもなる。やはり「偽装外交によるハルノート発出」の主犯格は来栖だったのだ。そう考えないと、前述した日本側資料との整合性が取れないからだ。

昭和二十三年の段階で、米国側はハルノート発出は野村・来栖両大使による偽装外交のせいであり、主犯格は来栖三郎であると認識していたことを示したといえる。そうであったとするならば、現在蔓延っている「ハルノートは米国が日本を開戦に追い込むための罠として発出された」という「ハルノート従来説」にいつ頃転換されたのであろうか。少なくとも、来栖の回顧録が出版された昭和二十三年十一月以降であることは間違いない。GHQによる占領が解除されたのは昭和二十七年二月であるから、その間の三年間であろう。

　来栖の回顧録を見て、GHQはこのままにしておくと「米国白人政権は来栖・野村の偽装外交に乗せられた愚か者である」と歴史に刻まれることに気づいたのである。そこで前述した、第五章の「ハルの『勝った振り詐欺』」（公園のホームレスオヤジ物語）のような改竄が行われたと考えられる。

『泡沫の三十五年』

　「ハルノート日本製」説は、昭和二十四年から二十六年の約三年間の間に「ハルノート従来説」へすり替えられ、今日にいたっているという結論に達せざるをえない。

　以下の記述は著者による推察であることを前置きして述べる。

　米国側から見れば「偽装外交の主犯格」

である元駐米大使野村吉三郎、特派大使来栖三郎は、前述した「公園のホームレスオヤジ物語」という捏っち上げ、歴史の改竄に同意し、米国白人の面子を保つことを約束しながら、自分たちは戦犯訴追から逃れるという取引を完成したのかもしれない。このような取引は外務官僚が勝手に行えるようなレベルの取引ではなく、当時の総理大臣で同じ外務省出身の吉田茂も関与し、吉田がコーデル・ハルの意向を受けて黙認した可能性もあると著者は考える。

地球の表面積の半分以上を戦場とする大戦争が終結して、日米の緊密なる連携によって国を立て直すしか術が残っていなかった吉田にすれば、些少なる歴史の隠蔽で疑似戦勝国アメリカの面子が立つのであれば、隠蔽受け入れも止む無しと判断したのではないだろうか。

あとがき

あの戦争は地球表面の半分以上、東アジア・インド洋・太平洋のほとんどを舞台として、有色人種の解放を賭けた白人対有色人種の戦いであった。その規模は人類史上最大といっても過言ではない。その結果、人種平等が実現し、植民地と奴隷制度はなくなり、人類は新たに歩み始めることとなった。それまでは主従の関係にあった白人と有色人種が対等になった。そう考えるなら、大東亜戦争とは白人と有色人種が未来永劫和合するために必要不可欠な戦争であったといえる。

戦争そのものを巨大なる爆弾であったと例えるなら〝ハルノート〟はその爆弾につながられた導火線であった。その導火線を爆弾に結わえつけ、火をつけるように誑かされたのが米国長官であったコーデル・ハルであった。

高天原が目指す八紘一宇の理想は、日米間の大戦争により現実へと近づいた。近づけたのはコーデル・ハルとハルを誑かした野村・来栖である。双方の当事者が八十年の年月を経て睡眠英霊通に出現し、そろそろ真相を明かせと指示してきた。八十年という沈黙期間には何らかの意味が込められているのかもしれないが、それは著者にはわからない。

高天原はゆっくりとではあるが、着実にこの地球を八紘一宇の理想郷へ向け、犠牲になった双方の霊魂をすべて自身の懐に収容しながら歩ませている。そのことを実感せざるを得ない本書執筆であった。

最後に、極めて貴重なる資料を発掘し提供してくださった昭和史研究家の八巻康成氏とニューヨーク在住映画監督である Chosei Funahara 氏、また本書出版に当たりご指導ご鞭撻を頂いた展転社に厚く謝意を表明する。

安濃豊（あんのう　ゆたか）

昭和26年12月8日札幌生れ。北海道大学農学部農業工学科卒業。

農学博士（昭和61年、北大農学部より学位授与、博士論文はSNOWDRIFT MODELING AND ITS APPLICATION TO AGRICULTURE「農業施設の防雪風洞模型実験」)。

総理府（現内閣府）技官として北海道開発庁（現国土交通省）に任官。

昭和60年、米国陸軍寒地理工学研究所研究員、ニューハンプシャー州立大学土木工学科研究員。平成元年、アイオワ州立大学（Ames）航空宇宙工学科客員研究員（研究テーマは「火星表面における砂嵐の研究」)、米国土木工学会吹雪研究委員会委員。平成6年、NPO 法人宗谷海峡に橋を架ける会代表。平成12年、ラヂオノスタルジア代表取締役、評論家、雪氷学者、ラジオパーソナリティー。

主な著書に『大東亜戦争の開戦目的は植民地解放だった』『絶滅危惧種だった大韓帝国』『日本人を赤く染めた共産党と日教組の歴史観を糾す』『哀愁のニューイングランド』『アジアを解放した大東亜戦争』（いずれも展転社）がある。安濃が世界で初めて発明した吹雪吹溜風洞は国内では東京ドーム、札幌ドームの屋根雪対策、南極昭和基地の防雪設計、道路ダム空港など土木構造物の防雪設計に、米国では空港基地、南極基地の防雪設計、軍用車両・航空機の着雪着氷防止、吹雪地帯での誘導兵器研究に使用されている。

ハルノートを発出させたのは日本か

アジア解放戦争開始のため日本側が誘導した

令和二年十一月二十七日　第一刷発行

著　者　安濃　豊
発行人　荒岩　宏奨
発　行　展　転　社

〒101-0051 東京都千代田区神田神保町2-46-402
TEL　〇三（五三一四）九四七〇
FAX　〇三（五三一四）九四八〇
振替〇〇一四〇―六―七九九九二

印刷　中央精版印刷

乱丁・落丁本は送料小社負担にてお取り替え致します。

定価［本体＋税］はカバーに表示してあります。


ISBN978-4-88656-514-3

てんでんBOOKS
［表示価格は本体価格（税抜）です］

アジアを解放した大東亜戦争　安濃豊
●帝国陸海軍は、太平洋で米軍と激戦を繰り広げながら、東南アジアでは次々に欧米諸国の植民地を独立させていた。　1300円

哀愁のニューイングランド　安濃豊
●日本の閉鎖的な学会に失望し、祖国日本を捨て、家族と別れ、一人渡米した元キャリア官僚の研究者・田中俊彦。　1600円

日本人を赤く染めた共産党と日教組の歴史観を糾す　安濃豊
●歴日本共産党と日教組は自分たちにとって都合のよい歴史を捏造し、国民に植えつけ洗脳してきた。　1500円

絶滅危惧種だった大韓帝国　安濃豊
●日本を逆恨みして恩を仇で返してくる韓国。欠如した朝鮮半島は一括して国連による信託統治とすべきである！　1600円

大東亜戦争の開戦目的は植民地解放だった　安濃豊
●大日本帝国は開戦時に「政府声明」を発表し、開戦目的の一つがアジアの植民地解放であることを明確に謳っていた！　1400円

硫黄島からの父の手紙　周藤征一
●硫黄島から発信された家族宛の手紙。父が戦死した硫黄島に降り立ち、遺骨収容活動を行った記録を綴る。　1200円

漫画版　モスグリーンの青春　磯米
●赤江飛行場から飛び立った特攻隊員との出会いと別れ。あの時代に生きた青春の記録を全篇オールカラーで漫画化。　1500円

東京裁判速記録から読む大東亜戦争　亀谷正志
●日本を裁くことを前提に開廷された極東国際軍事裁判の速記録を辿り、大東亜戦争の真実を読み解く。　2800円